발효밥상

현대인의 건강을 지켜줄 4인의 발효 레시피

발효밥상

강영희

권오경

정선숙

황인숙

발효밥상 | 차례

10　강영희
어머니의 마음을 담은 치유의 음식 '발효밥상'

14　탁주
16　석탄주(이양주)
18　삼양주
20　전통누룩(건조누룩)
22　활성누룩
24　수곡
26　육포
28　어포
30　송이백김치
32　문어포기김치
34　송이장아찌
36　참외장아찌
38　홍어전
40　홍어애탕
42　소고기쌀누룩간장조림

44	**권오경**
	기다림의 미학 '발효'

48	장백균쌀누룩
50	장백균푸른콩누룩
52	장백균알메주간장과 된장
54	장백균현미찹쌀고추장
56	장백균찍음장
58	시금장
60	토종배추 못난이김치
62	천수무동치미
64	초롱무소박이동치미
66	채소모듬장아찌
68	액상쌀누룩토판염
70	누룩소금낙엽깻잎절임
72	쌀누룩육젓
74	발아현미식초
76	생강편

78	**정선숙** 면역력을 높여주는 '발효음식'과 발효의 꽃 '김치'
82	양지사태포기김치
84	쌀누룩요거트청포도백김치
86	홍어김치
88	전통젓국지
90	대하쪽파김치
92	키조개섞박지
94	천수무오징어빠개지
96	보리열무김치
98	돌산갓반지
100	얼갈이나박김치
102	과일애기보김치
104	쌀누룩된장돌산갓김치
106	낙지포기김치
108	묵은지
110	김치설기

| 112 | **황인숙**
우리 몸에 이로운 '발효음식'

| 116 | 황국균쌀누룩
| 118 | 전복김치
| 120 | 배추 한 포기 담그기
| 122 | 망고백김치
| 124 | 알타리조김치
| 126 | 배동치미
| 128 | 황과담저
| 130 | 가지김치(가지소박이)
| 132 | 연안식해
| 134 | 호박잎송이구이
| 136 | 민어건정찜
| 138 | 편포
| 140 | 배추선
| 142 | 토란들깨탕
| 144 | 약과

강영희

권오경

정선숙

황인숙

발효식품은 조상의 지혜를 엿볼 수 있는 데다가 건강에도 도움이 되니 참으로 고마운 음식이 아닐 수 없습니다. 아플 때나 또는 건강할 때도 우리 몸에 좋은 발효식품으로 섭생을 잘 지킨다면 건강을 도모하는 데 많은 도움이 되리라 생각됩니다. 이런 고마운 전통 발효음식을 황 박사와 제자분들이 재조명하고 발전시켜 계승하고자 하는 마음으로 금과옥조와 같은 책을 발간해주시니 감사할 따름입니다. 발효음식의 후덕함과 내적인 그윽한 향기가 많은 사람에게 널리 전해지길 바랍니다.

- 오상덕(한의학 박사·한방내과 전문의)

모든 일에 항상 노력하고 연구하는 자세로 진심인 것은 물론 따뜻한 마음을 가진 황인숙 님의 요리책 출간을 축하합니다. 깨끗하고 순수한 맛과 함께 건강함까지 담은 김치를 많은 분이 만들고 맛보았으면 좋겠습니다.

- 황헌상((주)삼우리이씨 대표이사)

한국 음식 중 많은 비중을 차지하고 있는 것이 바로 발효식품입니다. 발효음식은 매일 먹어도 질리지 않고 점점 더 찾게 되는 매력이 있습니다. 우리 몸을 이롭게 하는 다양한 발효균 레시피를 담은 〈발효밥상〉 출간을 축하드립니다.

- 이종호(구리상쾌한이비인후과 원장)

강영희

어머니의 마음을 담은 치유의 음식 '발효밥상'

넉넉하지는 않았지만 6남매 중 막내로 태어난 저는 특히나 아버지의 사랑을 듬뿍 받으면서 자랐지요. 그래서 그런지 어린 시절을 떠올리면 행복한 기억이 가득합니다. 봄이면 산과 들을 다니며 진달래꽃을 따 먹고 원추리꽃을 꺾어 머리에 꽂고 뛰어놀았죠. 여름이면 시원하게 익은 열무김치에 콩국수를 먹고, 밤에는 마당에 멍석을 깔아놓고 옥수수를 한 알씩 따 제 입에 넣어주시던 어머니의 다리를 베개 삼아 누워 밤하늘의 별을 보며 노래를 부르곤 했어요. 들판에 곡식이 누렇게 익어가는 가을은 흥겹게 들렸던 타작 소리에 맞춰 술래잡기를 하기도 하고요. 가을에서 겨울로 가는 길목에서 가장 기억에 남는 추억은 바로 김장이었지요. 어머니는 김장 하루 전날 배추에 소금을 뿌려 절이고 당일 새벽에 일어나 몇 차례 씻어 물기를 빼셨어요. 동이 트고 아침 식사를 끝낸 동네 아주머니들이 하나둘씩 모이면 본격적인 김치 담그기가 시작되었죠. 제 고향은 충청남도 천안으로 바다가 근처에 없어 해산물이 귀해 김치에 들어가는 젓갈이라곤 새우젓과 황석어젓이 다였지만 청각만큼은 꼭 넣었던 기억이 있어요. 그때는 몰랐지만 청각은 바다의 녹용이라 불리는데 김치에 넣으면 김치 맛이 담백하면서도 개운해지더라고요. 젓갈과 청각 그리고 쪽파와 갓 등 각종 부재료를 넣어 만든 김치는 겨우내 가족의 건강을 책임지는 최고의 먹을거리였지요.

또 김장하는 날 먹었던 선짓국은 지금도 제가 제일 좋아하는 음식 중 하나지요. 지금은 김장하는 날 돼지고기를 삶아 보쌈을 만들어 먹곤 하지만 먹을 것이 넉넉하지 않았던 그 시절엔 배추 우수리를 넣어 선짓국을 끓여 먹었어요. 어른들은 선짓국에 막걸리와 김장김치를 곁들여 드셨고요. 커다란 쟁반에 올린 김장김치를 어머니가 쭉쭉 찢어 형제들 입에 한입씩 넣어주셨는데 어머니가 안 계신 지금 그 맛이 사무치게 그리워집니다.

맛있게 담근 김치는 땅에 묻은 항아리에 차곡차곡 담아 익혔어요. 특히 봄에 먹을 김치에는 우거지를 덮고 소금을 더 뿌려 토닥이셨던 어머니의 손은 지금도 아련합니다. 김장이 끝나면 품앗이에 나섰던 아주머니들은 겉절이 한 그릇씩 들고 집으로 돌아가셨습니다. 요즘은 온라인 마켓이나 마트에만 가도 브랜드와 종류가 다양한 김치를 손쉽게 구할 수 있지만 온 가족은 물론 동네 사람들이 함께했던 김장 담그는 날이 그리워지는 건 어머니의 정성이 담긴 김치의 맛과 그때의 행복한 추억 때문이겠지요.

제 이름 석 자가 새겨진 요리책이 완성되고 나니 이 책을 친정어머니가 보시지 못하고 돌아가신 것이 많은 아쉬움으로 남습니다. 2022년 102세의 어머니는 어버이날 다음 날 아침 돌아가셨어요. 백수를 넘게 누리셨으니 남들은 호상이라 말하지만 제 마음엔 아직도 어머니에 대한 그리움이 가득합니다. 어린 시절 어머니는 매일 아침 정갈하게 하얀 광목 앞치마와 하얀 머릿수건을 두르시고 일을 시작하셨어요. 6남매를 위해 세 끼 식사를 챙기는 것은 물론 식사가 끝나면 밭일까지 했던 어머니는 참 부지런한 분이셨습니다.

어느 책에선가 '음식은 인간의 삶이며 희로애락을 담고 있는 기억이다'라는 문구를 읽은 적이 있는데 요즘은 그 글귀가 자꾸 마음에 와닿습니다. 학교를 졸업하자마자 직장에서 10년, 그 이후는 사업으로 30년의 시간을 보내며 식구들의 끼니는 늘 제가 아닌 어머니 또는 일하는 분이 대신 차려 주시곤 했어요. 사업한답시고 집보다는 밖의 일이 우선이었지만 그래도 집에 있는 날이면 작은 뚝배기에 된장찌개를 보글보글 끓이고 갓 지은 밥으로 남편에게 밥상을 차려 주는 것이 싫지만은 않고 즐거운 걸 보니 저에게도 어머니의 피가 흐르는 게 맞는 것 같습니다. 나이 50이 넘어 본격적으로 요리를 배우기 시작했으니 많이 늦었지만 그만큼 여유로운 마음으로 어머니를 생각하며 공부하다 보니 그 어떤 취미보다 재미있고 보람을 느낍니다.

많은 전통 발효음식 중에서도 저는 요즘 술 빚기에 푹 빠져 지냅니다. 전통주를 직접 만들어 긴 겨울밤 남편과 술잔을 기울이는 재미에 빠졌습니다. 또 정성으로 빚은 술을 예쁜 병에 나눠 담아 선물하는 즐거움도 빠트릴 수 없고요. 탁주, 이양주, 삼양주 등 술 종류에 따라 어울리는 음식을 직접 만들어 지인들과 즐기는 것도 큰 행복이지요.

저는 음식으로 고치지 못하는 병은 의사도 고칠 수 없다고 생각해요. 한국의 전통 요리 중에서도 발효음식은 우리 몸을 고치는 치유의 음식 중 하나라고 생각합니다. 좋은 재료와 정성 그리고 시간의 기다림까지 더해진 발효음식은 때로는 만드는 과정이 수행하는 듯해 몸과 마음이 정화되는 기분이 들기도 해요. 그 치유의 음식을 정성스럽게 알려주신 스승 황미선 선생님께 감사의 인사를 드리며 많은 분들이 이 책을 읽어주셨으면 하는 바람입니다.

탁주

"막걸리를 빚을 때 필요한 것은 찹쌀, 누룩, 물뿐이에요. 우리가 흔히 생각하는 막걸리는 찹쌀로 빚어서 5~7일 안에 먹는 술이지요. 덧술 과정이 없어 미생물 숫자가 적어서 발효가 더디 되기 때문에 산소 공급을 위해 이틀간은 하루에 한 번씩 나무 주걱으로 저어주는 것이 좋아요. 스테인리스 주걱을 사용할 때도 반드시 소독한 후에 사용해야 해요. 미생물이 잘 살 수 있도록 또 산미가 올라오지 않도록 수곡을 이용해요. 저온에서 숙성하면 술에 향기가 생기고 맛이 깊어져요."

기본 재료
찹쌀 1kg, 누룩 200g, 물 1L

만드는 법
1 찹쌀을 깨끗하게 씻어 4~5시간 불린 후 체에 밭쳐 1시간 정도 물기를 뺀다.
2 찜기에 젖은 면보를 깔고 찹쌀을 올려 물이 쌀에 떨어지지 않게 면보로 덮는다.
3 찜솥에 물을 붓고 끓으면 ②의 찜기를 올려 50분 정도 중간불에서 고두밥을 찐 후 불을 끄고 5분 정도 뜸을 들인다.
4 넓은 곳에 ③의 고두밥을 펼쳐놓고 그 위를 소독해 찬물을 적신 면보로 덮어 20℃로 냉각한다.
5 냉각한 고두밥에 누룩을 넣고 당화가 잘 되게 손바닥으로 골고루 치댄다.
6 ⑤를 소독한 항아리나 유리병에 담고 병 가장자리를 도수 높은 술을 적신 면보로 닦은 뒤 항아리 뚜껑을 닫고 담요로 감싼 후 25℃ 전후의 온도에서 48시간 발효한다.
7 항아리를 감쌌던 담요를 벗기고 23~25℃에서 3~4일 숙성시킨다.

석탄주 (이양주)

"'향기가 그윽하여 입에 머금으면 삼키기가 아깝다'라는 뜻에서 '석탄주(惜呑酒)'라는 이름을 얻었다고 해요. 사과나 포도와 같은 과일의 향기가 느껴지면서 부드러운 단맛이 일품이지요. 석탄주는 맛과 향을 좋게 하기 위해 술을 두 차례에 걸쳐 빚는 이양주(二釀酒)의 하나로 저온에서 후숙하면 향과 맛이 훨씬 좋아져요. 이양주나 삼양주는 30일 이후부터 걸러 먹어도 되지만 보통은 90일 정도 저온 숙성시킨 후에 먹으면 훨씬 풍미가 좋아요."

1차 밑술 재료
멥쌀가루 600g, 누룩 300g, 물 3L
2차 덧술 재료
찹쌀 3kg

1차 밑술 만드는 법
1   멥쌀가루를 중간체에 한 번 내린다.
2   분량의 물 3L 중 1L를 끓여 ①의 멥쌀가루에 부어 덩어리지지 않게 개고 나머지 2L는 냄비에 부어 끓인다.
3   물이 끓으면 ②의 갠 멥쌀가루를 부어 거품이 올라오고 죽이 투명해질 때까지 한 방향으로 계속 저어가며 끓인다.
4   ③의 죽을 20℃ 정도로 냉각한다.
5   누룩에 식힌 ④의 죽을 붓고 잘 치대 흐물흐물해지면 소독한 항아리에 넣는다.
6   항아리 가장자리를 도수 높은 술로 깨끗하게 닦고 면보를 씌운 후 미지근한 방바닥에 놓고 얇은 이불로 감싼 뒤 23~28℃의 온도에서 24시간 정도 발효시킨다.

2차 덧술 만드는 법
1   찹쌀을 깨끗하게 씻어 4~5시간 불린 후 체에 밭쳐 1시간 물기를 뺀다.
2   찜기에 젖은 면보를 깔고 찹쌀을 올리고 물이 쌀에 떨어지지 않게 면보로 덮는다.
3   찜솥에 물을 붓고 끓으면 ②의 찜기를 올려 50분 정도 중간불에서 고두밥을 찌고 불을 끈 뒤 5분 정도 뜸을 들인다.
4   ③의 고두밥은 25℃ 전후로 냉각하고 미리 만들어둔 밑술(1차 밑술)을 부어 고루 치대어 묽은 죽처럼 당화시킨다.
5   ④를 담은 항아리를 미지근한 방바닥에 놓고 이불로 꼭 감싼 뒤 25℃ 전후의 온도에서 48시간 정도 발효시킨다.
6   48시간 발효 후 손가락 한 마디쯤 술이 끓고 내려간 자리가 보이면 다시 25℃로 냉각해 40일 정도 발효, 숙성시키면 술이 완성된다.

삼양주

"두 번의 덧술 과정을 거쳐야 하는 삼양주법은 맛이 부드럽고 순하면서도 깊은 맛을 느낄 수 있어요. 두 차례 걸쳐 덧술을 하게 되면서 자연스럽게 알코올 도수는 높아지고 숙성 시간은 길어져서 독한 맛이 없어지는 것이 특징이에요. 삼양주는 찹쌀과 멥쌀을 모두 이용해도 좋은데 찹쌀로 빚으면 단맛과 부드러운 맛이 강하고 멥쌀로 빚으면 단맛이 적어지죠. 또 1차 밑술을 항아리에 담고 도수가 높은 소주 등을 면보에 묻혀 항아리에 묻은 덧술과 이물질을 깨끗하게 닦아내야 맛에 영향을 주지 않고 위생을 지킬 수 있어요."

1차 밑술 재료(범벅)
멥쌀가루(또는 찹쌀가루) 1kg, 누룩 450g, 물 3L
2차 밑술 재료(범벅)
멥쌀가루 1kg, 물 3L
3차 덧술 재료(고두밥)
찹쌀 5kg

1차 밑술 만드는 법
1 멥쌀가루는 중간체에 한 번 내린다.
2 체에 내린 멥쌀가루는 3등분하고 3L의 물을 끓인다. 3등분한 멥쌀가루에 끓는 물을 나눠 부어가면서 생쌀가루가 없게 덩어리를 풀어 범벅을 만든다.
3 ②의 범벅을 23℃로 냉각시킨다.
4 냉각된 범벅에 누룩을 넣고 잘 치대어 당화가 되도록 고루 섞는다.
5 ④를 항아리에 붓고 항아리의 가장자리를 도수 높은 술로 깨끗이 닦은 뒤 항아리 뚜껑의 응축수가 술에 떨어지지 않도록 면보를 씌우고 항아리 뚜껑을 덮는다.
6 ⑤의 항아리는 미지근한 방바닥에 두고 23~28℃의 온도로 유지한 후 담요로 덮어 36시간 전후로 발효한다.

2차 밑술 만드는 법
1 멥쌀가루는 중간체에 한 번 내린다.
2 체에 내린 멥쌀가루는 3등분하고 3L의 물을 끓인다. 3등분한 멥쌀가루에 끓인 물을 나눠 부어가면서 생쌀가루가 없게 덩어리를 풀어 범벅을 만든다.
3 ②의 범벅을 23℃로 냉각시킨다.
4 1차 밑술과 ③의 범벅을 합해 고루 치대어 항아리에 붓고 23~28℃ 온도에서 24시간 전후로 발효한다. 이때 보다 깔끔하고 고급스러운 맛을 원한다면 샤주머니에 누룩을 걸러서 사용하는 것이 좋다.

3차 덧술 만드는 법
1 찹쌀을 깨끗하게 씻어 4~5시간 불린 후 체에 밭쳐 1시간 물기를 뺀다.
2 찜기에 젖은 면보를 깔고 찹쌀을 올리고 물이 쌀에 떨어지지 않게 면보로 덮는다.
3 찜솥에 물을 붓고 끓으면 ②의 찜기를 올려 50분 정도 중간불에서 고두밥을 찐 후 불을 끄고 5분 뜸을 들인다.
4 ③의 고두밥은 25℃로 냉각시킨 후 미리 만들어둔 밑술(2차 밑술)을 부어 고루 치대어 당화시킨다.
5 ④를 부은 항아리를 미지근한 방바닥에 놓고 이불로 감싼 후 23~28℃ 온도에서 48시간 전후로 발효시킨다.
6 48시간 발효 후 온도가 30℃ 정도 올라가 손가락 한 마디쯤 술이 끓다가 내려간 자리가 보이면 다시 시원한 곳으로 항아리를 옮겨 25℃로 식혀 60일 발효, 숙성시키면 술이 완성된다.

전통누룩 (건조누룩)

"밀 등의 곡물에 적당한 수분을 더해 따뜻한 곳에 두면 공기 중의 효모와 누룩곰팡이와 만나 증식을 하게 돼요. 따라서 이들 효모와 누룩곰팡이가 잘 자랄 수 있는 환경을 조성해주면 우수한 품질의 누룩을 만들 수 있는데 누룩은 술을 빚는 데 발효제로 이용되지요. 술은 잘 띄운 누룩을 사용해야 맛이 좋아지기 때문에 누룩을 만드는 일에 정성을 많이 기울여야 해요."

기본 재료
빻은 밀(습식) 1kg, 물 250~300mL
준비물
누룩 틀, 면보자기 2개, 비닐, 초재(볏짚, 말린 쑥, 말린 뽕잎 등)

만드는 법
1. 빻은 습식 밀에 분량의 물을 붓고 반죽해 손에 쥐었을 때 반죽이 풀어지지 않고 뭉쳐질 때까지 힘껏 치댄다.
2. 반죽이 면보에 붙지 않도록 누룩 틀 안에 소독한 젖은 면보를 깐다.
3. ①의 반죽을 뭉쳐 누룩 틀 모서리 부분부터 단단하게 채우고 가운데가 움푹 들어가도록 눌러준다. 가운데가 움푹 들어가야 누룩 발효 시 품온이 올라갈 때 온도가 전체적으로 골고루 퍼진다.
4. ③의 면보의 끝을 모아 올려서 한가운데로 오게 한 뒤 풀리지 않게 손으로 잡고 누룩 틀을 뒤집어 뒤 부분이 앞으로 오게 한 뒤 다시 누룩 틀 가운데를 눌러준다.
5. 바닥의 면보가 겹치지 않도록 눌러 펴주고 깨끗한 발로 단단히 밟아 수분이 빨리 증발되는 것을 막는다.
6. 누룩 반죽을 누룩 틀에서 빼내고 면보를 벗긴다. 이때 모서리 부분을 손으로 문질러 보아 부스러기가 생기지 않으면 잘 디뎌진 것이다.
7. 누룩을 띄운다. 종이박스 안에 초재를 두껍게 깔고 그 위에 ⑥의 누룩 반죽을 서로 닿지 않게 놓는다. 다시 초재를 두껍게 깔고 그 위에 누룩을 겹치지 않게 올리고 또 초대를 놓는다. 상자는 빛이 들지 않게 뚜껑을 덮고 25~30℃가 유지될 수 있는 따뜻한 곳에 비닐을 깔고 그 위에 둔다.
8. 누룩은 총 21일 동안 발효시키는데 처음 7일은 천천히 수분을 발산해 누룩 안까지 효모와 효소가 고르게 자랄 수 있도록 매일 한 번씩 누룩을 뒤집어준다. 위아래로 쌓은 경우는 위와 아래도 자리를 바꿔주는 것이 좋다. 수분이 많은 누룩을 위로 올려 발효시켜주는 작업이다.
9. 후끈한 열기와 함께 발효 냄새가 나고 단단하던 누룩이 부풀거나 물렁해지다가 다시 단단해지고 후끈하던 열기가 식으면서 표면에 하얗거나 누르스름한 곰팡이가 피어 있으면 잘 뜬 누룩이다. 잘 띄운 누룩은 한지로 포장해 망에 담아 걸어놓아 완전히 마르면 건조한 곳에 7개월 정도 두었다가 사용한다.

활성누룩

"활성누룩은 마른 누룩에 비해 이미 효소가 활성화되고 효모가 증식된 상태예요. 때문에 활성누룩을 사용해 술을 담그면 초기 발효가 안정적으로 이루어져 보다 쉽게 담글 수 있지요. 특히 여름에 술을 담그면 초기 발효가 길어지면서 술이 오염되어 맛이 없어지거나 숙성이 제대로 이루어지지 않는 경우가 많아 주의를 요하지만 활성누룩을 이용하면 맛있는 술을 보다 쉽게 빚을 수 있어요."

기본 재료
멥쌀가루 100g, 누룩 200g, 끓는 물(반죽용) 300~500mL, 생수 1.5L

만드는 법
1. 멥쌀가루를 중간체에 한 번 내린다.
2. 물을 끓여 멥쌀가루를 3번에 나눠 부어가면서 익은 쌀가루가 덩어리지지 않게 풀어가며 범벅을 만든다.
3. 범벅을 25℃로 냉각시킨다.
4. 냉각된 범벅에 누룩을 넣고 잘 치대어 당화가 되도록 고루 혼합한다.
5. ④를 항아리에 붓고 항아리의 가장자리를 도수 높은 술로 닦은 뒤 항아리 뚜껑의 응축수가 술에 떨어지지 않도록 면보를 씌우고 항아리 뚜껑을 덮는다.
6. ⑤를 23~28℃ 전후의 미지근한 방바닥에 놓고 담요로 덮어 48시간 전후로 발효한다.
7. ⑥을 샤주머니에 넣어 주물주물 눌러가며 짠 것은 따로 받아두고 다시 물 1.5L를 부어 손으로 주물주물해 짠 것을 따로 받아 앞서 받아놓은 것과 잘 섞는다.

수곡

"수곡은 효모를 깨우는 과정으로 누룩을 3~7시간 미지근한 물에 담가 불리는 걸 말해요. 많은 시간을 투자해 술을 빚었는데 술이 시어 맛이 없는 경우가 있어요. 특히 밑술 없이 만드는 단양주에서 많이 일어나는 현상인데 밑술 없이 만들다 보니 이양주나 삼양주에 비해 효모 수가 적어 생기는 문제예요. 단양주의 신맛(산미)을 없애려면 수곡을 만들어 사용하는 것이 좋아요. 수곡을 만들어 거름망에 걸러 단양주에 넣으면 누룩 속 효소가 활성화되어 효모의 증가를 도와주지요."

기본 재료
누룩 200g, 물 2.5L

만드는 법
1. 누룩의 3배 이상의 물을 팔팔 끓여 차게 식힌다.
2. ①의 물에 누룩을 담가 봄과 여름, 가을에는 3시간 불리고 겨울에는 7시간 불린 다음 샤주머니에 넣고 걸러 사용한다.

육포

"육포는 크게 만들기보다 어른 손바닥만 한 사이즈가 만들기도 좋고 먹기도 편해요. 보통 육포를 만들 때 고기를 물에 담가 핏물을 빼는데 그런 경우 육즙도 핏물과 함께 빠져 나가기 때문에 강판에 간 무와 밀가루, 청주, 유기농원당을 섞은 것에 1시간 정도 담가 핏물을 제거하는 게 좋아요."

기본 재료
소고기 홍두깨살(또는 우둔살) 1kg, 간 무·청주 2컵씩, 밀가루·유기농원당 약간씩

양념 재료
배 2개, 마늘즙 5큰술, 생강즙 1큰술, 양파즙 5큰술, 집간장 8큰술, 유기농원당 6큰술, 아카시아꿀 4큰술, 흰 후춧가루 약간

기름장 재료
참기름 2큰술, 아카시아꿀 2큰술

만드는 법
1. 배는 강판에 간 후 면포에 넣고 짜 즙으로 준비한다.
2. 양파와 마늘, 생강도 갈아 면포에 넣고 짜 즙으로 준비한다.
3. 간 무에 청주와 밀가루, 유기농원당을 넣어 고루 섞은 뒤 소고기를 넣고 1~2시간 정도 재워 2~3번 물에 헹군다.
4. ③의 소고기를 소쿠리에 건져 핏물을 뺀 후 면보로 살짝 두드려 닦아 핏기를 완전히 제거한다.
5. ①의 배즙을 비롯해 분량의 재료를 섞어 양념을 만든 뒤 ④의 소고기를 넣고 5시간 정도 숙성시킨다.
6. 숙성시킨 ⑤의 소고기를 소쿠리에 받쳐 양념 물기를 완전히 뺀다.
7. 식품건조기에 종이 포일을 깔고 60℃ 온도로 5~6시간 건조하는데 중간중간 위아래 위치를 바꿔준다. 햇볕에 자연 건조를 할 때는 뒤집어주며 1일 정도 건조한다.
8. 완성된 육포는 분량의 재료를 섞어 만든 기름장을 찍어 먹거나 예열된 팬에 살짝 구워 먹는다.

어포

"예부터 어포는 주로 민어나 숭어 등으로 만들었는데 새우나 전복도 포로 만들면 좋아요. 어포는 마른안주로도 좋고 약간의 양념을 더해 반찬으로도 먹기 좋아요. 어포를 맛있게 만들기 위해서는 생선의 특성에 맞게 손질해야 식감이 한층 부드럽고 고급스러운 향이 나요."

기본 재료
대하 20마리, 전복 10미, 민어살 200g, 청주 ½컵, 맛술 ½컵, 유기농원당 6큰술, 집간장 2큰술, 흰 후춧가루 1작은술, 무 100g, 다시마(15×15㎝) 2장, 물 500㎖

만드는 법
1   전복은 솔로 문질러 껍질과 내장, 이빨을 제거한 뒤 옅은 소금물에 깨끗하게 씻는다.
2   무는 깨끗이 씻어 납작하고 얇게 썬다.
3   찜기에 얇게 썬 무를 깔고 손질한 ①의 전복을 올린 후 다시마로 덮고 40분 정도 찐다.
4   대하는 내장과 껍질을 제거하고 옅은 소금물에 헹군 뒤 물기를 뺀다.
5   민어는 어린아이 손바닥만 한 크기로 포를 뜬 것으로 준비하고 냉동한 것은 물기를 꼭 짠 후 쓴다.
6   간장, 청주, 맛술, 유기농원당, 흰 후춧가루, 물을 한데 넣고 섞은 후 손질해 둔 대하, 전복, 민어살을 담가 반나절 정도 염지한다.
7   염지한 ⑥의 대하, 전복, 민어를 소쿠리에 건져 30분 정도 물기를 뺀다.
8   깨끗한 면보에 대하와 전복, 민어살을 놓고 살짝 눌러 수분을 최대한 제거한다.
9   식품건조기를 45℃로 설정하고 대하와 전복, 민어살을 겹치지 않게 올린 뒤 중간에 위아래의 위치를 한 번 정도 바꿔가며 7~8시간 저온에서 건조한다.

송이백김치

"은은한 송이의 향이 가득한 송이백김치는 양념을 강하게 하지 않는 것이 중요해요. 새우젓도 가장 좋은 육젓을 사용해 송이의 고급스러운 맛을 최대한 살릴 수 있도록 하고 국물에 간 무즙을 넣어요. 익을수록 시원하면서도 탄산미가 뛰어나기 때문이에요."

기본 재료
배추 3포기, 물(절임용) 6L, 소금(절임용) 600g

부재료
자연산 송이버섯 400g, 석이버섯 약간, 무 700g, 배 1개, 생대추 5개, 밤 3개, 미나리 50g, 쪽파 100g, 갓 70g, 다진 마늘 70g, 다진 생강 15g, 새우젓(육젓) 3큰술

국물 재료
생수 2L, 다시마물(물 700㎖, 다시마 10g) 2컵, 무 200g, 배 1개, 다진 마늘 30g, 생강즙 15g, 찹쌀죽(찹쌀 1컵, 물 7컵) 2컵, 새우액젓(새우젓 30g, 생수 1L) 2큰술, 천일염 50g, 실고추 약간

만드는 법

1. 배추 밑동에 칼집을 넣고 손으로 벌려 반으로 가른다.
2. 통에 물을 붓고 소금은 분량의 절반을 넣어 녹인 후 배춧잎 사이사이에 끼얹고 남은 소금을 배추 줄기 부분에 켜켜이 뿌린다.
3. 큰 통을 준비해 ②의 배추를 속이 위로 올라오도록 차곡차곡 쌓고 남은 소금물을 붓는다. 2시간이 지나면 배추를 위아래로 뒤집어 3시간 정도 더 절인다.
4. ③의 절인 배추는 흐르는 물에 3~4번 헹궈 소금기를 빼고 채반에 엎어 물기를 뺀다.
5. 송이는 대나무칼이나 세라믹 칼을 이용해 흙이 묻은 부분을 살살 긁어내고 불순물을 털어낸 후 흐르는 물에 재빨리 씻어 곱게 채 썬다.
6. 석이버섯은 미지근한 쌀뜨물에 살짝 불려 이끼와 이물질을 깨끗하게 제거한 후 곱게 채 썬다.
7. 무는 0.3cm 두께로 채 썰고, 다듬어 씻어 물기를 제거한 쪽파와 미나리, 갓은 3cm 길이로 썬다. 대추는 씻어 편으로 썬 후 채 썬다. 마늘과 생강, 밤, 배도 껍질을 제거하고 채 썬다.
8. 부재료의 새우젓은 곱게 다져 국물을 꼭 짜놓는다.
9. 넓은 그릇에 송이버섯과 석이버섯, 무, 쪽파, 미나리, 갓, 대추, 마늘, 생강, 밤, 배, 새우젓을 넣고 버무려 소를 만든다.
10. ④의 배춧잎 사이사이에 ⑨의 소를 켜켜이 넣고 겉잎으로 배추 전체를 감싼 뒤 단면이 위로 오도록 김치통에 담는다. 푸른 겉잎으로 덮어 공기가 통하지 않도록 한 뒤 누름판으로 눌러놓는다.
11. 새우젓에 물을 부어 끓여 식혀 새우액젓을 만든다.
12. 물에 다시마를 넣어 끓기 시작하면 10분 더 끓이다 불을 끄고 10분 정도 두었다가 다시마를 건져내고 차게 식혀 다시마물을 만든다.
13. 찹쌀을 씻어 2시간 정도 불린 후 물과 함께 냄비에 넣고 20분 정도 저어가며 끓여 찹쌀죽을 쑤어 식힌다.
14. 생수에 다진 마늘, 생강즙, 간 무, 간 배, 찹쌀풀, 다시마물, 새우액젓을 넣고 고루 섞은 뒤 사주머니에 넣어 짜 맑은 국물만 받아 천일염으로 간한다.
15. ⑩의 김치에 ⑭의 국물을 붓고 상온에서 1일 동안 익힌 후 냉장고에 넣어 7일 정도 숙성시켜 먹는다.

문어포기김치

"낙지김치와 마찬가지로 문어포기김치 역시 김치의 식이섬유와 유산균 그리고 문어의 단백질까지 보충해주는 완벽한 겨울 음식 중 하나예요. 문어는 특히 타우린이 풍부해 콜레스테롤을 낮추고 피로 회복에도 효과적이어서 문어포기김치는 겨울을 건강하게 날 수 있게 도와주는 보양식이라 해도 부족함이 없어요."

기본 재료
배추 2포기(절임배추 5~6kg), 물(절임용) 4L, 소금(절임용) 600g, 밀가루(문어 손질용) 3큰술,
소금 2큰술(문어 손질용), 감초물(감초 1조각, 물 1L)

부재료
문어 500g, 무 600g, 배 300g, 쪽파 100g, 미나리·갓 80g씩

양념 재료
고춧가루 200g, 다진 마늘 160g, 다진 생강 20g, 다시마물(물 700mL, 다시마 10g)·
찹쌀죽(찹쌀 ½컵, 물 4컵) 1컵씩, 실고추 약간, 검은깨 1큰술, 멸치액젓 160g, 새우젓 50g, 조기젓국 100g

만드는 법
1. 배추 밑동에 칼집을 넣고 손으로 벌려 반으로 가른다.
2. 통에 물을 붓고 소금은 분량의 절반을 넣어 녹인 다음 배춧잎 사이사이에 끼얹어 적시고 배추 줄기 부분에 남은 소금을 켜켜이 뿌린다.
3. 큰 통을 준비해 ②의 배추를 속이 위로 올라오도록 차곡차곡 쌓고 남은 소금물을 붓는다. 4시간이 지나면 배추를 위아래로 뒤집어 4시간 정도 더 절인다.
4. ③의 절인 배추는 흐르는 물에 3~4번 헹궈 소금기를 빼고 채반에 엎어 물기를 뺀다.
5. 문어는 내장을 제거하고 빨판 부분에 밀가루와 소금을 뿌려 주물거려 불순물을 떼어내고 깨끗한 물로 2~3번 헹군다. 끓는 물에 감초를 넣고 우러나면 감초를 건진 뒤 손질한 문어를 넣고 2~3분 정도 데친 후 식혀 3~4cm 길이로 썬다.
6. 냄비에 물과 다시마를 넣어 끓기 시작하면 10분 더 끓이다 불을 끄고 10분 정도 두었다가 다시마를 건져내고 차게 식혀 다시마물을 만든다.
7. 찹쌀을 씻어 1시간 정도 불린 후 물을 붓고 20분 정도 끓여 식혀 찹쌀죽을 만든다.
8. 손질한 무와 껍질을 깎은 배는 0.2cm 굵기로 채 썬다.
9. 다듬어 씻은 쪽파, 미나리, 갓은 모두 3cm 길이로 썬다.
10. 새우젓은 다지고 나머지 재료를 모두 섞은 양념에 손질해둔 문어, 무, 배, 쪽파, 미나리, 갓의 부재료를 넣고 고루 버무려 김치소를 만든다.
11. ④의 배춧잎 사이사이에 ⑩의 소를 켜켜이 넣고 겉잎으로 배추 전체를 감싼 뒤 단면이 위로 오도록 김치통에 담고 푸른 겉잎으로 덮어 공기가 통하지 않도록 한다.
12. 뚜껑을 덮어 실온에서 24시간, 동절기에는 36시간 익힌 후 냉장고에 넣어 10일 정도 숙성시켜 먹는다.

송이장아찌

"송이장아찌는 귀한 자연산 송이를 보다 오랜 기간 두고 먹을 수 있게 해줘요. 송이 고유의 향을 즐겨야 하기 때문에 많은 재료를 넣지 않고 감칠맛을 더할 수 있도록 다시마물과 집간장만으로 만드는 것이 깔끔하고 맛이 좋아요."

기본 재료
송이 500g, 집간장 50mL, 다시마(20×20cm) 2장, 생수 2컵

만드는 법
1. 송이버섯은 밑동에 흙과 이물질을 털어내고 흐르는 물에 불순물만 제거될 정도로 재빠르게 씻는다. 씻은 송이 중 큰 것은 길이로 반 가른다.
2. 냄비에 생수와 다시마를 넣고 끓기 시작해 7분 정도 우린 후 불을 끄고 다시마는 건져내고 식힌다.
3. 식힌 ②의 다시마물에 집간장을 섞는다.
4. 통에 손질한 송이를 넣고 ③의 간장물을 넣은 뒤 버섯이 뜨지 않도록 돌이나 누름판으로 눌러둔다.
5. 이튿날부터 바로 먹기 시작한다.

참외장아찌

"향긋한 참외장아찌는 씻어서 꼭 짜 마른 면보로 물기를 제거한 뒤 껍질째 아주 얇게 썰어 다시 한 번 짜준 뒤 참기름과 깨소금만 넣어 무쳐 먹어요. 겨울에도 참외의 향을 고스란히 즐길 수 있는 별미 중 별미로 밥반찬으로도 좋지만 김밥이나 주먹밥을 만들 때 활용해도 좋아요. 쫑쫑 다져 볶음밥에 넣어 먹어도 맛있죠."

기본 재료
참외 10kg, 쌀누룩소금 400g, 유기농원당 400g, 소주 200mL

만드는 법
1 참외는 깨끗하게 씻어 반으로 자른 뒤 숟가락으로 씨를 긁어낸다.
2 넉넉한 크기의 볼에 쌀누룩소금과 유기농원당을 넣어 고루 섞는다.
3 ①의 참외의 씨를 파낸 부분에 ②를 1작은술씩 넣는다.
4 ③의 참외에 소주를 뿌리고 무거운 돌이나 누름판으로 눌러 참외의 수분을 뺀다.
5 수분을 뺀 참외를 실온에서 48시간 발효시킨 후 절임물은 따라 버리고 지퍼백에 넣어 밀봉해 통에 담아 김치냉장고에 넣어두면 1년 정도 맛있게 먹을 수 있다.

홍어전

"홍어를 좋아하는 분들이라면 어떻게 먹어도 맛있겠지만 홍어를 정말 좋아한다면 홍어전으로 즐겨보세요. 삭힌 홍어 특유의 암모니아 향이 진하게 나면서 기름과 어우러진 홍어전은 별미 중 별미예요. 최고의 술안주이기도 하고요. 홍어전을 지질 때는 달걀의 흰자와 노른자를 분리해 각각 따로 옷을 입히면 색이 훨씬 고와 보기에도 좋아요."

기본 재료
홍어(포 뜬 것) 200g, 밀가루 6큰술, 달걀 3개, 현미유 적당량

만드는 법
1   홍어는 먹기 좋은 크기로 포를 뜬 것으로 준비한다.
2   달걀은 흰자와 노른자로 분리해 곱게 푼다.
3   ①의 홍어포는 앞뒤로 밀가루 옷을 입힌다.
4   ③의 홍어의 반은 달걀흰자에 반은 노른자를 입혀 달군 팬에 현미유를 적당히 두른 후 중약불로 줄여 앞뒤로 노릇하게 지진다.

홍어애탕

"홍어를 즐기는 분들이라면 한 번쯤 홍어애탕을 드셔보았으리라 생각돼요. 홍어 살만큼 톡 쏘는 향이 코를 자극하고 또 입천장이 자극될 만큼 독특한 맛과 향을 자랑하지요. 하지만 한 번 맛보면 잊을 수 없을 만큼 맛있는 특별한 별미이자 보양식이기도 해요."

기본 재료
홍어 내장 1kg, 무·부추 500g씩, 미나리·쑥갓 200g씩, 대파 1대, 양파 1개,
청양고추·홍고추 3개씩, 된장 70g, 고춧가루·다진 마늘 2큰술씩, 집간장 2작은술,
다시마멸치육수(생수 2L, 다시마 15g, 국물용 멸치 50g) 1L

만드는 법
1   홍어 내장은 미리 깨끗하게 손질해둔 것을 구입해 씻지 않고 마른 면보로 닦는다.
2   냄비에 생수와 다시마, 멸치를 넣고 끓기 시작하면 다시마는 건져내고 5분 더 끓인 후 불을 끈다.
3   무는 나박나박 썰고 부추와 미나리, 쑥갓은 손질 후 깨끗하게 씻어 4등분한다.
4   양파는 반으로 갈라 굵직하게 채 썰고, 청양고추와 홍고추, 대파는 어슷하게 썬다.
5   큰 냄비에 ②의 육수를 붓고 된장을 체에 걸러 풀고 나박 썬 무를 넣고 15분 정도 끓인다.
6   ⑤에 홍어 내장을 넣고 뚜껑은 닫지 말고 끓어오르기 시작하면 고춧가루, 다진 마늘, 양파를 넣고 한소끔 끓인 후 집간장으로 간한다.
7   마지막으로 썰어놓은 청양고추와 홍고추, 대파, 부추, 미나리, 쑥갓을 넣고 한소끔 더 끓인 후 불을 끈다.

소고기쌀누룩간장조림

"남녀노소 누구나 좋아하는 반찬 중 하나가 장조림이에요. 장백균쌀누룩간장으로 맛을 내고 다양한 채소를 넣어 맛과 영양적인 밸런스를 맞추었어요. 장조림을 만들 때는 간장 양념에 너무 오래 끓이면 간이 짜지고 또 고기 맛이 없어질 수 있어요. 그리고 소고기 삶은 물에 양념해야 감칠맛이 더해져 맛있어요."

기본 재료
소고기(양지) 600g, 물 2L, 꽈리고추 9개, 홍고추 1개, 건표고 5장, 당근 ½개, 통마늘 15쪽
소고기 육수 재료
물 2L, 통후추 1작은술, 대파 60g, 양파 1개, 무 100g
양념장 재료
장백균쌀누룩간장 4큰술, 유기농원당 4큰술, 소고기 육수 5컵

만드는 법
1 적당한 크기로 토막 낸 소고기는 찬물에 30분 정도 담가 핏물을 뺀다.
2 냄비에 생수를 붓고 통후추, 대파, 반으로 썬 양파, 무를 넣고 팔팔 끓기 시작하면 소고기를 넣는다. 거품을 걷어가며 중약불에서 소고기가 부드러워질 때까지 1시간 10분 정도 삶는다.
3 불을 끄고 채소와 고기는 건져내고 젖은 면보에 육수를 걸러둔다.
4 한 김 식은 소고기는 먹기 좋은 크기로 결대로 찢는다.
5 표고버섯은 불려 반으로 썰고 당근도 적당한 크기로 썰어 돌려 깎는다. 꽈리고추는 꼭지를 따 깨끗하게 씻는다. 홍고추는 반으로 갈라 씨를 제거하고 3㎝ 길이로 썬다.
6 분량의 재료를 섞어 양념장을 만든다.
7 냄비에 찢어놓은 소고기와 양념장, 표고버섯, 당근, 꽈리고추, 홍고추, 통마늘을 넣고 15분 정도 끓인다.
8 접시에 소고기와 채소, 국물을 골고루 담아낸다.

기다림의 미학 '발효'

권오경

맛있는 음식을 즐길 줄 알고 또 요리하는 과정이 좋은 사람들은 어린 시절 어머니의 밥상과 부엌에서 그 즐거움을 충분히 누렸던 사람들이 대부분일 거예요. 저 역시 그렇습니다. 경기도 양평군 토박이인 저는 직원 4명을 두고 운영할 만큼 큰 정육점집 딸로 태어났습니다. 그래서 고기는 물론 채소나 과일도 실컷 먹을 수 있었죠. 식재료가 풍부했고 개성 출신인 어머니는 음식 솜씨도 참 좋으셔서 어릴 때부터 다양한 향토음식을 맛보고 어깨너머로 만드는 법을 배우기도 했어요. 결혼 후에는 40대 초반 양평군 생활개선회에 들어가 활동하면서 보다 전문적으로 요리를 배우기 시작했어요. 이후 생활개선회의 양평군 연합회장을 맡으면서 양평산나물축제를 열게 돼 전국을 돌아다니면서 식재료를 공부하고 음식을 먹어보는 기회가 많아졌고요. 축제를 성공리에 치르면서 음식에 관한 많은 자신감을 얻게 되었고 생활개선회 보조금을 받아 현미식초를 만들기 시작하면서 발효음식의 세계에 빠져들었어요. 우리나라 식초의 역사는 술에서 시작되었지요.

술을 상온에 보관하다가 공기와 접촉시키면 술 안의 초산균이 초산 발효를 일으켜요. 이때 초산균의 배설물이 신맛을 내는데 이것을 '식초'라고 했지요. 식초는 알코올이 발효를 일으켜 더는 발효하지 않는 상태의 것을 말합니다. 때문에 식초는 발효의 끝이자 인류 역사상 가장 오래된 식품 저장법이라 할 수 있어요.
식초는 초산균이 에탄올을 산으로 바꾸는 발효 과정을 통해 만들어지는 조미료입니다. 수많은 요리에서 감초 같은 역할을 하며 원재료가 가진 풍미를 북돋워주고 변주하기 때문에 유명 파인다이닝 셰프들이 직접 식초를 만들어 사용하기도 하지요. 게다가 공기, 초산균만 있으면 어떤 재료로도 만들 수 있는 특성 덕분에 지역 식문화의 다양성을 대변하는 식자재로도 손꼽히는데 한국을 비롯한 중국과 일본의 쌀로 빚은 식초가 대표적이지요. 양평군 역시 벼를 많이 재배하는 고장으로 저는 지역의 현미를 이용한 식초 만들기에 푹 빠져 전국을 돌아다니며 식초 만들기 과정을 배웠지요. 제대로 된 식초 만들기에 실패하며 현미 30가마니 정도는 버렸던 것 같아요. 또 시집와 철강 사업을 했는데 집에 손님이 오면 쑥을 발효한 발효액을 물에 타서 드리곤 했는데 맛보신 분들의 반응이

너무 좋았죠. 그때부터 식초와 함께 산야초 발효에도 관심이 많아 한 8년 정도를 전국의 산을 돌아다니며 약초를 채취해 발효시켰습니다. 그중에서 백약초효소는 누구에게도 뒤지지 않을 만큼 잘 만든다는 이야기를 들을 정도는 되었지요.

좋은 재료와 정성 그리고 기다림이 어우러져 완성되는 발효의 매력은 우리의 인생 같다는 생각이 들었어요. 그래서 더 빠져들었던 것 같습니다. 때로는 아무리 정성을 다해도 날씨와 같이 예기치 못한 어떤 상황에 의해 제대로 발효되지 못해 식초나 된장, 고추장 등이 제대로 맛이 들지 못할 때도 있으니까요. 또는 제가 가볍게 생각하며 지나갔던 어떤 과정들로 인해 음식을 망쳐버리기도 하고요. 사실 제가 이렇게 발효음식에 매진하게 된 것은 10년 전 불의의 사고로 아들을 잃고 나서부터였어요. 아들을 앞세웠다는 생각에 저와 남편은 1년 정도 밖을 나가지 않고 집에만 있었습니다. 마음을 다잡으러 시장에 나갔다가도 갑자기 밀려오는 슬픔에 집에 돌아와 가슴을 치며 울곤 했었지요. 둘 다 식사도 제대로 못했기에 이러다간 남편까지 죽을 수도 있겠다는 생각에 제가 먼저 대문을 박차고 나갔습니다. 무엇이든 해야 잊을 수 있겠다는 생각이 들어서 시작한 게 바로 음식 만들기였습니다.

약초를 캐러 다니기도 하고 식초를 잘 담근다는 사람이 있다면 그 어디라도 달려갔어요. 사찰음식을 배우러 절에 가기도 하고요. 전국을 돌아다니며 음식을 배우는 그 과정에서 마음이 정화되는 것을 느꼈어요. 아들이 죽은 지 10년이 지난 지금은 다시 웃을 수 있게 되었고 새로운 음식을 접하게 되면 눈을 반짝 빛내며 다가앉는 용기와 희망을 얻었습니다.

요즘은 발효음식의 꽃이라 할 수 있는 전통김치 만들기에 푹 빠져 지내고 있어요. 어머니가 김치를 잘 담그셔서 그래도 남들보다는 저도 김치를 잘 담근다고 생각했는데 직접 배워보니 김치에서 중요한 것은 손맛이 아닌 정확한 레시피, 그중에서도 염도를 정확하게 맞추는 것이더군요. 또 김치야말로 계절의 신선한 재료를 이용해 만들 수 있는 최고의 산해진미가 될 수 있다는 것도 알게 되었어요. 제가 이렇게 김치의 새로운 세계에 발을 들여놓을 수 있었던 것은 저의 요리 스승 황미선 선생님 덕분입니다. 시간이 지날수록 맛있게 숙성되는 발효음식처럼 선생님과 함께 지내는 시간이 늘어나면서 저 자신이 달라지는 것이 느껴집니다. 아직도 배울 것이 너무 많아 앞으로의 시간이 더 기대되는 이유이기도 하고요.

환갑을 훌쩍 넘은 나이에 이렇게 요리책을 낼 수 있게 된 것은 어머니와 스승님 그리고 큰 슬픔을 이겨내고 다시 웃을 수 있게 함께 용기를 내준 가족 덕분입니다. 이 책을 보시는 분들도 음식을 통해 건강과 행복을 찾게 되길 바랍니다.

장백균쌀누룩

"집에서도 장백균과 쌀만 있으면 장백균쌀누룩을 만들 수 있어요. 잘 발효된 장백균쌀누룩은 32시간 발효 이후부터는 장미꽃과 국화꽃 향이 동시에 나지요. 또 눈꽃처럼 하얗게 핀 누룩의 모습이 아름답기도 하고요. 장백균쌀누룩은 다양한 요리에 넣을 수 있는데 특히 단맛이 다른 쌀누룩에 비해 적어 된장이나 고추장을 만들때 활용하면 좋아요."

기본 재료
장백균 3g, 멥쌀 1kg

준비물
면보(90×90㎝) 2장, 김장용 비닐봉투 10kg용 1장, 품온계, 무릎담요, 사각 스테인리스 쟁반, 소형 전기장판, 슈가파우더통

만드는 법
1   멥쌀은 맑은 물이 나올 때까지 쌀알이 상하지 않게 가볍게 씻어 여름에는 2~3시간,
    겨울에는 4~5시간 충분히 불린다.
2   불린 쌀은 소쿠리에 담아 30분 정도 물기를 뺀다.
3   찜기에 물을 붓고 끓기 시작하면 물에 적셔 꼭 짠 면보를 깔고 ②의 쌀을 붓고 증기가 잘 올라오도록
    구멍을 낸다. 뚜껑을 닫고 50분 정도 찐 후 불을 끄고 5분간 뜸을 들인다.
4   넓은 쟁반에 ③의 고두밥을 펴놓고 25℃ 이하로 식힌다.
5   슈가파우더통에 장백균을 넣어 고두밥에 골고루 뿌려 파종한다.
6   다른 넓은 쟁반 위에 소독한 면보를 펼쳐놓고 파종이 끝난 쌀누룩을 올린 뒤 면보로 덮고
    김장용 비닐봉투에 넣어 입구를 봉한다.
7   소형 전기장판을 저온 모드로 설정해 ⑥을 올려놓고 무릎담요를 덮어 14시간 동안 1차 발효를 시작한다.
    이때 1차 발효가 끝날 때까지 절대 열어보지 않도록 한다.
8   1차 발효가 끝나면 비닐봉투를 벗기고 비닐봉투에 생긴 응축수를 소독한 행주로 닦아낸다.
    이때 누룩 속 온도가 40℃가 넘으면 균들이 사멸되므로 소독한 면보를 찬물에 적셔 꼭 짠 후
    약 15분 정도 덮어 25℃ 정도로 식힌다.
9   ⑧을 면보로 덮고 비닐봉투에 넣어 입구를 봉하고 다시 저온 모드로 설정한 소형 전기장판에
    올려놓고 담요를 덮어 10시간 정도 2차 발효를 한다.
10 2차 발효가 된 ⑨를 열고 1차 발효 때와 마찬가지로 면보를 찬물에 적셔 꼭 짠 후 약 15분 정도 덮어
    25℃로 식힌다.
11 ⑩를 다시 면보로 덮고 비닐봉투에 넣어 입구를 봉하고 저온 모드로 설정한 소형 전기장판에 올려
    담요를 덮어씌우고 36~42시간 정도 3차 발효를 한다. 이때 26시간 이후부터는 4시간마다
    2번 열어보고 다시 2시간 간격으로 2번 열어 쌀누룩 상태를 수시로 살핀다. 또한 38시간 이후부터는
    비닐봉투를 벗기고 전기장판의 전원을 뺀다.

장백균푸른콩누룩

"푸른콩(독새기콩)은 제주 남부 서귀포 일대에서만 나는 토종 콩으로 일반 콩에 비해 단맛이 강해요. 장백균으로 발효한 푸른콩누룩으로 장을 담그면 보통 된장에 비해 큼큼한 된장 특유의 향이 없고 단맛이 나는 것이 특징이에요. 푸른콩누룩을 배양할 때는 내부 온도가 42℃가 넘는 곳에서 발효시키면 장백균이 사멸할 수 있으니 반드시 온도를 체크해 열을 식혀주는 것이 중요해요."

기본 재료
제주 푸른콩 1kg, 장백균 6g, 생수 800mL

준비물
면보(90×90cm) 2장, 슈가파우더통, 김장용 비닐봉투 10kg용 1장, 품온계, 무릎담요, 사각 스테인리스 쟁반, 소형 전기장판

만드는 법
1. 제주 푸른콩은 썩거나 벌레 먹은 것을 골라내고 맑은 물에 4~5번 씻어 물에 8시간 정도 충분히 불린 뒤 물기를 뺀다.
2. 10인용 압력솥이나 전기압력솥에 불린 콩과 생수를 넣고 불에 올려 끓기 시작하면서 추가 소리를 내며 움직이면 약불로 줄이고 25분 정도 삶은 후 불을 끄고 압력이 빠질 때까지 기다린다.
3. 삶은 콩은 너른 그릇에 부어 25~30℃까지 식힌다.
4. 다른 넓은 쟁반 위에 소독한 면보를 펼쳐놓고 ③의 식힌 콩을 올린다. 슈가파우더통에 장백균을 담아 콩에 골고루 뿌려 파종한다.
5. ④의 면보 네 귀퉁이를 콩 위로 올려 덮고 김장용 비닐봉투에 넣어 입구를 봉한다.
6. 소형 전기장판을 저온 모드로 설정해 ⑤를 올려놓고 얇은 담요를 덮어 6시간 발효한 후 면보를 열어 맑은 산소를 공급해준다.
7. ⑥을 다시 면보로 싸 비닐봉투에 넣어 입구를 봉하고 18시간 더 발효한다.
8. 총 24시간 발효한 푸른콩누룩은 꺼내 1일 동안 실온에서 수분을 날려준다.

장백균알메주 간장과 된장

"손이 많이 가는 장 담그기는 '종균'을 이용하면 보다 쉽고 빠르게 된장을 만들 수 있어요. 원하는 발효를 위해 식품에 접종하는 종균, 즉 쌀누룩을 사용하는 것인데요. 시판하는 쌀누룩에 메줏가루를 섞기만 하면 완성되니 장 담그기 초보자들도 쉽게 된장을 만들 수 있어요. 무엇보다 감칠맛이 풍부한 맛있는 된장을 만들 수 있다는 것이 가장 큰 매력이에요."

기본 재료
장백균알메주 4kg, 생수 18L, 장백균누룩소금 5kg

만드는 법
1   소독한 항아리에 생수를 부은 뒤 장백균누룩소금을 넣고 잘 녹인다.
2   샤주머니에 장백균알메주를 넣어 ①의 항아리에 담고 뚜껑을 덮는다.
3   60일 후 ②의 장백균알메주를 건져 간장과 된장을 가른다.
4   ③의 알메주는 손으로 주물러 적당히 풀어놓는다.
5   소독한 항아리에 샤주머니의 장백균알메주를 꺼내 담아 꼭꼭 눌러가며 다독여 놓는다.
6   ③의 간장은 30일 숙성시키고 ⑤의 된장도 2~3일에 한 번씩 잘 저어 산소를 공급해가며 30일 정도 발효한다.

장백균현미찹쌀고추장

"쌀의 영양분이 풍부하게 담긴 현미찹쌀을 사용해 영양적으로도 우수한 고추장이에요. 장백균소금을 넣어 발효시간을 줄여도 숙성이 훨씬 빠르고 쌀조청을 넣어 구수하면서도 은은한 단맛이 나 다양한 요리에 맛과 영양을 더할 수 있어요."

기본 재료
고운 고춧가루 1.2kg, 엿기름가루 1kg, 장백균누룩소금 500g, 현미찹쌀·메줏가루 600g씩, 쌀조청 2컵, 생수 12L

만드는 법
1. 현미찹쌀은 깨끗하게 씻어 4~5시간 정도 물에 불려 체에 밭쳐 물기를 뺀다.
2. 큰 그릇에 준비한 미지근한 물의 3분의 1 정도를 붓고 고운 샤주머니(또는 베주머니)에 엿기름가루를 넣고 손으로 주물주물 치대어 엿기름물을 빈 그릇에 담는다. 남은 미지근한 물을 엿기름주머니에 넣고 치대어 맑은 물이 나올 때까지 총 3회에 걸쳐 엿기름물을 만들어 한데 모은다.
3. ①의 찹쌀을 믹서에 성글게 간다.
4. ②의 엿기름물과 ③의 간 찹쌀을 전기밥솥에 붓고 보온 모드에서 5시간 정도 삭힌 후 냄비에 담아 3.5L 정도의 양이 될 때까지 센불에서 끓기 시작하면 중불로 낮추고 가끔 저어가며 졸여 차게 식힌다.
5. 큰 그릇에 ④의 엿기름 삭힌 물 절반을 붓고 분량의 장백균누룩소금을 넣어 녹인 후 메줏가루를 부어 멍울이 없도록 푼다.
6. 남은 엿기름 삭힌 물에 고운 고춧가루를 넣고 섞는다.
7. ⑤와 ⑥을 한데 고루 섞고 쌀조청을 넣어 버무린 후 맛을 봐 싱거우면 소금으로 간한다.
8. 완성한 현미고추장은 밀폐 용기에 담아 1일 정도 두었다가 멍울진 것이 없도록 다시 한 번 고루 섞고 소금으로 간한다.
9. 소독한 항아리에 ⑧의 현미고추장을 담고 아침에는 해가 들고 점심 이후에는 그늘진 동향의 상온에서 3개월 숙성시켜 먹는다.

장백균찍음장

"찍음장은 감칠맛이 뛰어날 뿐 아니라 찰찰하고 영양이 풍부하다는 것이 장점이에요. 보통 된장에 비해 염도가 낮아 건강하게 즐길 수 있고 별다른 양념을 넣지 않아도 비빔장이나 쌈장으로 활용해도 좋아요. 특히 장백균으로 담은 찍음장은 일반 찍음장에 비해 담그기가 쉽고 담가 바로 먹어도 맛있어요."

기본 재료
장백균알메주 1kg, 집간장(장백균누룩간장) 1L, 찰보리 4첩, 엿기름 2첩,
고춧가루·고추씨가루 3첩씩, 누룩소금 300g, 미지근한 생수 3L, 황태가루 150g, 대하가루 100g

육수 재료
황태 1마리, 양파 1개, 다시마 20g, 물 4L

만드는 법
1. 장백균알메주에 장백균누룩간장을 부어 손으로 주물러 놓는다.
2. 찰보리는 깨끗하게 씻어 미온수에 담가 2시간 불려 물기를 뺀다.
3. 큰 냄비에 분량의 재료를 모두 넣고 물의 양이 반이 되도록 푹 끓인 후 체에 밭쳐 식혀 육수를 완성한다.
4. 큰 그릇에 준비한 미지근한 물 3분의 1을 붓고 고운 샤주머니에 엿기름가루를 넣고 손으로 주물주물 치댄 후 빈 그릇에 엿기름물을 붓는다. 맑은 엿기름물이 나올 때까지 이 과정을 총 3회에 걸쳐 엿기름물을 받고 모두 한데 섞는다.
5. 솥에 ④의 엿기름물을 넣고 끓기 시작하면 거품을 걷어내고 중불에서 양이 3분의 2로 줄어들 때까지 끓여 식힌다.
6. 압력솥에 ②의 찰보리와 ③의 황태 육수를 부어 불에 올린 후 추가 소리를 내며 흔들리면 약불로 줄여 30분 더 끓인다. 이후 불을 끄고 압력이 빠질 때까지 기다려 찰보리죽을 완성한다.
7. 넓은 그릇에 ⑥의 보리죽을 쏟아 식힌 후 ①을 부어 골고루 버무린다.
8. ⑦에 ⑤의 엿기름물과 고춧가루, 고추씨가루, 황태가루, 대하가루를 넣어 고루 섞는다. 이때 취향에 따라 누룩소금으로 간을 추가한다.
9. ⑧을 하루 동안 면보를 덮어 실온에 두었다가 다시 한 번 점도와 간을 확인한 후 소독된 항아리에 담고 맨 위에 누룩소금 3분의 1첩을 뿌린다.

시금장

"장이 떨어지는 시기인 이른 봄에 시금장을 담가 주로 비빔, 쌈, 찌개, 반찬 등으로 먹었어요. 비타민과 무기질이 풍부한 데다 입맛을 돋을 수 있는 시금장은 지방에 따라 보리등겨장, 개떡장이라고 불리기도 했지요. 색은 다소 어둡지만 특유의 감칠맛과 신맛 등이 잘 어우러져 입맛이 없을 때 밥 위에 올려 먹으면 별미예요."

기본 재료

메주가루 2kg, 김칫국물·동치미국물 1.5L씩, 보리죽(보리 600g, 물 1L)·배추포기김치·동치미 무· 고춧잎 삭힌 것·참외장아찌 1kg씩, 고추씨 가루 2컵, 집간장 ½컵, 천일염 50g

만드는 법

1. 보리는 씻어 2시간 충분히 불려 전기밥솥에 분량의 물을 붓고 보리죽밥을 지어 차게 식힌다.
2. 거칠게 빻은 메주가루에 체에 맑게 거른 김칫국물과 동치미국물을 넣고 함께 섞어 30분 정도 불린다.
3. ②에 속을 털어내고 숭덩숭덩 썬 배추포기김치, 편으로 썰어 골패 모양으로 썬 동치미 무를 넣어 섞는다.
4. 참외장아찌는 먹기 좋은 크기로 껍질째 썰고, 고춧잎 삭힌 것은 물에 2~3번 헹군 뒤 물기 없이 꼭 짜 고추씨 가루와 함께 골고루 버무린다.
5. 모든 재료를 넣어 버무린 후 소독한 항아리에 담아 뚜껑을 닫고 그 위를 담요로 감싸고 28~32℃로 맞춘 전기장판에 올려 7일 정도 발효한다.

토종배추 못난이김치

"이름은 못난이김치지만 토종배추로 만든 이 김치는 김치소를 많이 넣지 않아 오히려 시원하고 담백한 맛이 일품이에요. 고춧가루도 적게 넣고 부재료나 양념도 일반 김치의 절반 정도만 사용해 만들기도 쉽고 국물을 따로 만들어 넣어 반지처럼 즐기는 김치예요."

기본 재료
절인 토종배추 3kg, 무 500g, 배 ½개, 갓 100g, 미나리 50g, 다진 마늘 100g, 다진 생강 20g,
다진 새우젓 70g, 멸치액젓 150g, 천일염 5g, 찹쌀죽(찹쌀 ½컵, 물 4컵) 1컵,
고춧가루 200g, 실고추·검은깨 약간씩

국물 재료
생수 1L, 다시마물(다시마 10g, 물 700mL) 2컵, 새우액젓(새우젓 1kg, 생수 1L) 5큰술, 고운 고춧가루 2큰술

만드는 법
1 절임배추는 채반에 엎어 1시간 정도 물기를 뺀다.
2 물에 다시마를 넣어 끓기 시작하면 불을 끄고 10분 정도 두었다가 다시마를 건져내고 차게 식혀 다시마물을 만든다.
3 찹쌀을 씻어 1시간 정도 불린 후 물을 붓고 20분 정도 끓여 식혀 찹쌀죽을 만든다.
4 무와 껍질 벗긴 배는 채 썰고 갓, 미나리는 3㎝ 길이로 썬다.
5 ②의 다시마물에 ③의 찹쌀풀과 고춧가루, 다진 마늘, 다진 생강, 멸치액젓, 다진 새우젓, 천일염을 섞어 양념을 만든 뒤 ④의 무와 배, 갓, 미나리를 넣고 고루 버무려 김치소를 만든다.
6 새우젓에 물을 부어 끓여 식혀 새우액젓을 만든 뒤 분량의 재료들을 섞어 국물을 만든다.
7 ①의 토종배춧잎 사이사이에 ⑤의 김치소를 발라 단면이 위로 오도록 김치통에 담고 푸른 겉잎으로 덮어 공기가 통하지 않도록 한다.
8 ⑦에 ⑥의 국물을 붓고 누름판으로 눌러 김치가 국물 위로 뜨지 않게 한다.
9 뚜껑을 덮어 상온에서 2일 정도 익혀 냉장고에 넣어 7일 지나면 먹는다.

천수무동치미

"무 중에서도 '천수무'는 단단하고 단맛이 나며 크기도 적당해 동치미를 담그기에 더없이 좋아요. 숙성을 잘 시킨 동치미는 탄산미가 뛰어나고 개운한 맛을 자랑하는 누구나 좋아할 만한 겨울 별미 중 하나지요."

기본 재료
천수무 4kg, 소금(절임용) 2컵, 물(절임용) 1L
부재료
쪽파·갓·미나리 50g씩, 청각 30g, 삭힌 고추 40g, 배 1개, 마늘·생강 15g씩
국물 재료
생수 6L, 천일염 90g, 찹쌀죽(찹쌀 ½컵, 물 4컵) 1컵, 다시마물(물 700mL, 다시마 10g) 2컵,
다진 마늘 100g, 생강즙 10g

만드는 법
1 천수무는 누런 겉잎은 떼어내고 무청은 그대로 남겨둔 채 뿌리와 밑동을 다듬어 정리하고 부드러운 솔이나 수세미로 문질러 씻어 소쿠리에 올려 물기를 뺀다.
2 물에 소금을 풀어 손질한 무를 넣어 1일 정도 절여 손가락으로 눌렀을 때 살짝 들어갈 정도로 부드럽게 절여졌으면 흐르는 물에 헹궈 채반에 받쳐 물기를 뺀다.
3 미나리와 갓, 쪽파는 다듬어 씻어 ②의 무를 넣은 소금물 한편에 넣어 숨이 죽을 정도로 20분 절였다가 흐르는 물에 헹궈 물기를 뺀다.
4 찹쌀을 씻어 1시간 정도 불린 후 물을 붓고 20분 정도 끓여 식혀 찹쌀죽을 만든다.
5 물에 다시마를 넣어 끓기 시작하면 10분 더 끓이다 불을 끄고 10분 정도 두었다가 다시마를 건져내고 차게 식혀 다시마물을 만든다.
6 마른 청각은 물에 불려 깨끗한 물이 나올 때까지 물을 바꿔가며 주물러 씻는다.
7 배는 껍질째 8등분으로 썰고 씨는 제거한다. 마늘과 생강은 편으로 썬다.
8 절인 천수무와 미나리, 갓, 쪽파는 보기 좋게 타래를 짓는다.
9 생수에 준비된 천일염, 다시마물, 찹쌀죽, 다진 마늘, 생강즙을 넣고 고루 섞어 국물을 만든다.
10 김치통에 ⑧을 담고 삭힌 고추를 비롯해 손질한 부재료를 모두 넣고 ⑨의 국물을 체에 받쳐 부은 뒤 무가 뜨지 않도록 누름판으로 눌러둔다.
11 뚜껑을 덮어 상온에서 2일 정도 익힌 후 냉장고에 넣어 다시 15일 숙성시킨 후 먹는다.

초롱무소박이동치미

"초롱무소박이는 겨울 김장 전에 담가 먹는 김치입니다. 초롱무는 동치미 무처럼 시원하면서도 단맛이 많지 않고 매운맛이 강해요. 때문에 갖은 부재료와 양념을 버무린 소를 만들어 무 안에 채워 넣어 맛을 더하는 것이지요. 다양한 재료가 들어간 만큼 맛도 좋고 모양도 예뻐 특별한 손님상에 내기 좋은 김치이기도 하고요."

기본 재료
초롱무 6kg, 물(절임용) 2L, 소금(절임용) 200g
부재료
무 600g, 배 800g, 쪽파 100g, 미나리·갓 70g씩, 청각 50g, 실고추 약간, 석이버섯 7g, 마늘 30g, 생강 10g, 홍고추 2개, 새우액젓(생수 1L, 새우젓 1kg) 100g, 천일염 1큰술
국물 재료
생수 6L, 배즙 2컵, 다시마물 2컵, 찹쌀죽(찹쌀 1컵, 물 7컵), 다진 마늘 70g, 다진 생강 20g, 천일염 90g
고명 재료
통대추 15개, 댓잎 100g

만드는 법
1 초롱무는 누런 잎을 제거하고 잔털과 밑동을 손질한 뒤 껍질을 필러로 깎아 흐르는 물에 3~4번 씻는다.
2 손질한 초롱무는 분량의 소금을 뿌려 5시간 정도 절인다.
3 절인 초롱무는 머리부터 밑동 3분의 2 부분까지 열십자로 칼집을 낸다.
4 무와 껍질을 깐 배는 0.2cm 두께로 곱게 채 썬다.
5 쪽파, 미나리, 갓은 깨끗이 씻어 2cm 길이로 썬다.
6 마른 청각은 물에 불려 깨끗한 물이 나올 때까지 물을 바꿔가며 주물러 씻어 2cm 길이로 썰고, 석이버섯은 미지근한 쌀뜨물에 살짝 불려 이끼와 이물질을 깨끗하게 제거한 후 곱게 채 썬다.
7 마늘과 생강, 씨를 제거한 홍고추는 곱게 채 썬다.
8 새우젓에 생수를 부어 끓여 식혀 새우액젓을 만든다.
9 무와 배, 쪽파, 미나리, 갓, 청각, 석이버섯, 마늘, 생강, 홍고추를 모두 섞은 후 새우액젓과 천일염으로 간해 소를 완성한다.
10 열십자로 칼집을 낸 ③의 초롱무에 ⑨의 소를 채운 뒤 이파리로 잘 감싸 김치통에 담은 뒤 대추를 올리고 댓잎으로 덮어 초롱무가 떠오르지 못하도록 한다.
11 ⑩에 분량의 재료를 섞어 만든 국물을 체에 밭쳐 붓는다.
12 김치통 뚜껑을 덮어 상온에서 2일 정도 익힌 후 냉장고에 넣어 다시 15일 숙성시켜 먹는다.

채소모듬장아찌

"제철 채소를 이용해 쉽게 담글 수 있는 장아찌예요. 시판 간장 대신 집간장을 넣어 첨가물 걱정이 없고 유기농원당을 설탕 대신 넣어 건강까지 생각했어요. 김치를 대신해 밥상에 올리면 좋은 밑반찬 중 하나이지요."

기본 재료
알타리무 700g, 연근·아스파라거스·셀러리 400g씩, 오이 3개, 풋토마토 500g, 당근 400g, 양파 2개, 아삭이고추 400g, 청양고추 200g, 돌산갓 3포기, 깻잎 20장, 미나리 50g

절임간장 재료
집간장(또는 국간장) 500mL, 생수 1.5L, 현미식초 800mL, 유기농원당 600g, 천일염 50g

만드는 법
1. 큰 냄비에 생수를 붓고 유기농원당, 천일염을 넣고 팔팔 끓인 후 불을 끄고 집간장과 현미식초를 넣어 섞어 절임간장을 완성한다.
2. 알타리무는 필러로 껍질을 벗겨 동그랗게 썰고, 연근도 껍질을 벗겨 길이로 반 잘라 반달 모양으로 썬다.
3. 아스파라거스는 씻어 뿌리 쪽 억센 부분을 잘라내고, 셀러리는 끝부분을 자르고 껍질을 벗겨 섬유질을 제거한다.
4. 오이와 토마토는 껍질째 깨끗하게 씻어 먹기 좋게 썰고, 당근과 양파는 껍질을 벗겨 먹기 좋게 썬다.
5. 아삭이고추와 청양고추는 씻어 3㎝ 길이로 썰고 고추씨는 털어낸다.
6. 돌산갓은 누런 잎을 떼어내고 포기째 씻어 물기를 빼두고, 미나리는 씻어 물기를 빼 타래 지어놓는다.
7. 깻잎은 한 장씩 씻어 물기를 털어낸다.
8. 투명 밀폐용기에 모든 재료를 넣고 ①의 절임간장을 붓는다.
9. 상온에서 24시간 두었다가 간장절임물을 따라내고 한 번 더 끓여서 식힌 후 다시 부어 냉장 보관해가며 먹는다.

액상누룩토판염

"액상누룩토판염은 다양한 요리에 활용 가능한 만능 소금이에요. 육류나 생선 특유의 향을 없애주고 향과 감칠맛을 더해주지요. 연잎가루, 백련초가루 등을 치자가루와 같은 양으로 넣어주면 색색의 액상누룩토판염을 만들 수 있어요."

기본 재료
쌀누룩 250g, 토판염 100g, 생수 300㎖, 치자가루 20g

만드는 법
1 뜨거운 물에 소독한 볼에 쌀누룩, 토판염, 생수를 넣고 15분 정도 손으로 주물거리며 섞어 당화가 잘 되도록 한다.
2 ①에 치자가루를 넣어 멍울 없이 풀어가며 고루 섞는다.
3 소독된 용기에 ②를 붓고 뚜껑을 덮고 햇볕이 들지 않은 실온에 보관한다.
4 ③을 하루에 한 번씩 저어주며 여름에는 10일, 겨울에는 15일 정도 발효한다.
5 ④를 소독된 병에 담아 냉장 보관해가며 사용한다.

누룩소금낙엽깻잎절임

"낙엽깻잎은 노란 낙엽 색깔과 비슷하여 불린 이름으로 깻잎은 서리에 맞아 시들기 전에 채취해요. 여린 깻잎보다 질기지만 소금물에 삭혀 먹으면 특유의 향과 식감으로 입맛을 돋우기에 더없이 좋아요. 특히 장백균으로 만든 누룩소금을 활용해 삭히면 풍미와 감칠맛이 더 풍부해져 별미지요. 낙엽깻잎절임은 깨끗이 씻어 그냥 먹어도 좋고 양념장을 발라 먹어도 맛있어요."

기본 재료
낙엽깻잎 1.2kg, 누룩소금 440g, 생수 3L

만드는 법
1 낙엽깻잎은 깨끗한 것으로 골라 씻어 물기를 빼고 30장씩 2㎝ 정도 남긴 줄기 부분을 면실로 묶는다.
2 ①의 깻잎을 김치통이나 항아리에 차곡차곡 담는다.
3 ②의 깻잎 위에 누름돌이나 누름판을 올려놓는다.
4 생수에 누룩소금을 풀어 ③에 부어 2~3주 정도 삭힌다.
5 잘 삭은 낙엽깻잎절임은 냉장고에 보관해가며 먹는다.

쌀누룩육젓

"김장이나 요리할 때 부재료로 많이 사용하는 새우젓, 그중에서도 새우살이 가장 통통할 때 나오는 육젓을 최고로 치지요. 이 육젓에 쌀누룩을 넣어 발효시키면 은은한 단맛과 함께 짠맛은 덜하고 감칠맛은 더해줘요. 잘 발효된 쌀누룩육젓은 고기에 곁들이거나 찜이나 찌개 등 다양한 요리에 활용하면 풍미와 감칠맛이 훨씬 풍부해져요."

기본 재료
새우젓(육젓)·장백균쌀누룩 1kg씩

만드는 법
1. 쌀누룩과 육젓을 볼에 넣고 두 재료가 잘 섞이고 균이 활성화되도록 손으로 5분 정도 주무른다.
2. 소독된 용기에 ①을 담고 가장자리는 소독한 행주로 닦아준다.
3. ②를 밀봉한 후 상온에서 15일 정도 숙성시킨다. 이때 하루에 한 번씩 나무 수저로 저어준다.
4. 숙성된 새우젓은 냉장고에 넣고 30일 지나서 먹는다.

발아현미식초

"천연 식초는 유기산을 비롯해 다양한 영양소가 함유되어 있고 잘못된 식습관으로 생긴 질병을 예방하는 데 큰 도움을 줘요. 신진대사를 활발하게 해주고 간 해독과 당뇨 예방에도 도움이 되지요. 특히 현미를 발아시켜 만든 식초는 최고의 식초 중 하나로 음료로 즐겨도 좋고 다양한 요리에 활용하면 은은하게 음식의 맛과 풍미를 좋게 만들어줘요."

기본 재료
현미 1kg, 누룩 250g, 물 500mL, 종초(씨앗식초) 800mL

만드는 법

1. 도정한 지 10~15일 이내의 현미를 준비해 깨끗하게 씻어 4~5시간 충분히 불려 소쿠리에 건져 물기를 뺀 뒤 소독한 면보로 덮는다.
2. ①의 면보 위로 3~4시간마다 물을 뿌려가며 2~3일 발효시켜 발아현미를 만든다. 다만 30℃가 넘는 여름에는 현미가 부패할 수 있으므로 냉장고에서 발아시킨다.
3. 현미가 발아되는 과정에서 끈끈한 수용성 미네랄이 배출되어 쌀이 상할 수 있으므로 맑은 물로 쌀을 한두 번 헹군다.
4. ③의 발아된 현미는 김이 오르는 찜통에 면보를 깔고 그 위에 올리고 군데군데 구멍을 낸 후 소독한 면보로 덮고 뚜껑을 닫아 40분 찐다. 이때 중간에 한 번 현미를 뒤집어준다. 이후 불을 끄고 5~10분 정도 뜸을 들인다.
5. 차게 식힌 ④의 발아현미고두밥에 물을 붓고 누룩을 넣어 부드럽게 치댄다.
6. 소독한 항아리에 ⑤를 담고 24시간 동안 발효시켜 현미고두밥이 빵처럼 부풀어 오르도록 한다.
7. ⑥에 생수 3L를 붓고 소독된 나무 주걱으로 고루 저어준 후 밀봉해 10일 정도 발효시킨다.
8. ⑦의 막걸리에 종초(씨앗식초)를 붓고 나무 주걱으로 잘 저어준다.
9. 산소가 잘 유입될 수 있도록 면보를 씌우고 5일 정도 숙성시키면 얇은 초막이 생기고 식초 향이 진하게 나기 시작한다. 이때 하루에 한두 번씩 초막을 깨트려줘야 한다.
10. 초막을 깨트려가며 5일 더 숙성시키고 산도계로 산도 4.5가 되면 발효를 멈추고 살균 소독한 면보(거름망)에 거른다.

생강편

"생강편은 차와 즐기기 좋은 건강한 주전부리 중 하나예요. 생강은 수분이 많은 햇생강으로 선택하고 재래종보다는 크기가 큰 개량종이 썰기가 편하지요. 또 맛있는 생강편을 만들기 위해서는 썰어 씻어 전분기를 없애고 끓는 물에 삶아 맵고 쓴맛을 제거해주는 것이 중요해요. 손질한 깐 생강과 설탕의 비율은 1:0.8로 대용량으로 만들 때도 이 비율만 잘 지키면 맛있는 생강편을 만들 수 있어요."

기본 재료
생강 800g(손질 후 600g), 백설탕 480g, 천일염 5g

만드는 법
1. 햇생강은 마디를 톡톡 부러트려 흐르는 물에 씻어 흙을 제거하고 껍질을 벗긴다.
2. 손질한 생강은 얇게 편으로 썰어 4~5번 물을 갈아가며 씻어 전분을 제거한 뒤 찬물에 6시간 이상 담가 매운맛과 쓴맛을 제거한다.
3. 끓는 물에 ②의 생강을 넣고 15분 정도 삶아 생강 고유의 매운맛과 쓴맛을 다시 한 번 제거한다. 맛을 봐 매운맛과 쓴맛이 나면 10분 정도 더 삶아 찬물에 헹궈 채반에 밭쳐 물기를 뺀다.
4. 웍에 백설탕과 천일염을 넣고 그 위에 ③의 생강을 넓게 펴서 올리고 중약불에서 설탕이 녹기 시작하면 약불로 줄여 끓인다. 이때 설탕이 모두 녹기 전까지는 절대로 젓지 않는다.
5. ④의 설탕이 녹아 시럽이 되면 나무 주걱을 이용해 한쪽 방향으로 계속 젓는다.
6. 웍의 바닥에 시럽이 거의 없어지고 바닥과 면에 하얗게 설탕가루가 붙기 시작하면 생강도 윤기가 없어지고 생강에 하얀 설탕가루가 붙기 시작한다. 계속 나무 주걱으로 저어가며 가열하면 생강에 수분이 없어지고 부피가 늘어나면서 설탕가루가 서리처럼 내려 뽀송한 생강편이 완성된다.
7. 완성된 생강편은 채반에 올리고 털어 설탕가루를 제거한다.

정선숙

면역력을 높여주는 '발효음식'과 발효의 꽃 '김치'

저는 어린 시절 전라선과 호남선 철도역이 만나는 소도시에서 살았어요. 매일 아침 새벽엔 역전시장이 열렸는데 육류를 별로 좋아하지 않았던 엄마는 새벽시장에 가서 제철 생선을 사다 요리를 해주곤 하셨죠. 지금도 제 미각이 발달했다는 말을 주변에서 종종 듣는데 신선한 제철 재료를 활용해 다양한 요리를 해주신 친정 엄마 덕분인 것 같습니다. 엄마는 특히 갈치와 병어조림을 자주 해주셨는데 이른 봄에는 고사리를, 여름에는 고구마순을, 가을에는 달큼한 무를 깔고 된장과 고추장을 베이스로 지져주셨지요. 또한 신선한 생선들로 젓갈을 담으시곤 했어요. 젓갈 담는 날은 집안의 큰 행사 중 하나였을 정도지요. 해안가가 가까운 남도의 특성상 멸치, 새우, 황석어, 조기 등 신선하면서도 다양한 생선을 구하기가 쉬워선지 담갔던 젓갈의 종류도 참 다양했지요. 젓갈의 종류가 풍부하다 보니 엄마가 담갔던 김치의 종류까지 덩달아 많아질 수밖에 없었어요. 다만 엄마가 슴슴하고 깔끔한 스타일의 음식을 좋아하셨기에 젓갈은 늘 과하게 넣지 않았어요. 때문에 김치가 시원하고 깔끔한 맛이 났는데 그 맛은 어제처럼 아직도 제 기억에 강렬하게 남아 있습니다.

피아노를 전공하고 오랜 시간 피아노학원에서 아이들을 가르치던 제가 요즘은 어머니처럼 다양한 젓갈을 이용해 김치를 담고고 젓갈을 담그기 시작했어요. 바쁘게 살면서 제 몸을 잘 돌보지 못했던 탓에 50세가 지나니 병원을 자주 드나들게 되더라고요. 문득 '어린 시절 엄마가 해주시던 밥상이 이제 필요할 때'라는 생각이 들었어요. 때마침 친구의 권유로 발효음식을 배우기 시작했는데 식탁에 발효음식을 채우고 먹기를 시작하니 몸에 변화가 느껴지더라고요. 한층 건강해지고 생활에 활력이 도는 느낌이랄까요. 이후 본격적으로 발효와 한국 전통 음식을 배우게 되었습니다.

제가 생각하는 '발효음식'은 면역이라고 생각합니다. 병원을 다닐 때마다 지인들은 병을 치료하기보다 면역력을 올려야 한다고 조언했지만 치료약이나 영양제로는 면역력을 올릴 수가 없었어요. 다양한 전통 균을 활용해 발효음식을 만들다 보니 김치나 장류뿐만 아니라 일상적으로 먹을 수 있는 간식이나 간단한 음료까지 만들어 먹기 시작했지요. 제일 먼저 반응을 보인 건 장이었어요. 장이 편안해지니 알레르기성 질환들이 줄어들기 시작했고요. 발효음식은 미생물과 자연 그리고 사람이 만들어내는 면역력을 높이는 최고의 약이라는 것을 몸소 체험한 것입니다.

수많은 발효음식 중 '김치'는 한국의 대표적인 발효음식이에요. 김치의 유산균은 장을 깨끗하게 해주고 변비를 예방해 줍니다. 또한 김치에는 다양한 종류의 부재료와 양념이 들어가는데 갓과 미나리, 무, 쪽파, 마늘, 생강, 고추 등이 그것들입니다. 이러한 재료들은 함께 어울려 발효되면서 다양한 영양소를 섭취할 수 있게 해주죠. 그래서인지 저는 요즘 김치 마니아가 되었어요. 배추김치는 물론 무섞박지와 갓김치를 정말 좋아하게 되었지요. 잘 익은 섞박지와 갓김치는 탄산미가 풍부해 먹을 때도 기분이 좋지만 소화도 잘됩니다. 그리고 사계절 내내 담그는 동치미는 계절별로 양념과 부재료를 다르게 사용해 음료처럼 즐기면 몸이 편안해지는 것이 느껴집니다.

김치를 열심히 공부하다 보니 생각보다 다양한 종류의 김치가 있다는 것을 알게 되었어요. 배추나 무 외에도 다양한 종류의 채소와 과일로 김치를 담글 수 있고 새우, 낙지 등 해산물이 젓갈과 만나면 또 다른 시너지를 만들어 영양은 물론 맛까지 좋게 만들 수 있더라고요. 시원하면서 은은하게 과일향이 퍼지는 김치들을 맛보면서 우리나라의 문화유산인 김치를 비롯한 발효음식들이 세계화가 되었으면 좋겠다는 생각을 갖게 되었습니다. 중국이나 동남아시아의 발효음식을 세계 어디에서나 맛볼 수 있는 것처럼 말이에요. 해외에서는 이미 김치주스가 인기 메뉴가 되었다고 합니다.

MZ세대들이 보다 쉽고 편하게 김치에 다가갈 수 있도록 망고김치와 같이 그들이 좋아하는 식재료를 활용해 다양한 김치를 선보이고 싶다는 생각을 하게 됐고, 좀 더 나아가 누구나 간편하고 쉽게 접근할 수 있는 김치와 발효 요리를 학문적으로 연구해 개발해 보려는 꿈을 갖게 되었습니다. 그런 관심과 노력은 주변 분들과 이어졌고 주민 분들과 함께 '원도심 마을 살리기' 활동을 하고 있습니다. 이곳의 주민들은 음식 만들기에 관심이 많으세요. 아마도 우리가 먹는 음식이 건강과 직결된다는 사실을 잘 알기 때문인 것 같아요. 앞으로도 간단고추장을 비롯해 저염된장, 냉털김치담그기 프로그램을 보다 확산해 진행하면서 발효음식의 대중화에 적극 참여해 보려 합니다.

이 책은 저의 꿈을 펼치는 초석으로 그동안 제가 공부했던 김치에 관한 기록입니다. 책을 낼 수 있게 도와주신 많은 분들에게 감사의 인사를 전하며 이 책이 가정의 식탁을 풍성하게 만들어주는 작은 도움이 되기를 바랍니다.

소고기 포기김치

"삶아 기름기를 말끔하게 제거한 양지와 사태를 넣은 포기김치는 일반 배추김치에 비해 담백한 맛이 일품이지요. 젓갈과 함께 육류의 감칠맛이 어우러져 깊은 맛이 나는 김치로 김치에 부족하기 쉬운 단백질까지 보충해줘 영양적으로도 완벽한 밸런스를 갖춘 음식이에요."

기본 재료
배추 2포기(절임배추 5~6kg), 물(절임용) 4L, 소금(절임용) 600g

부재료
양지·사태 200g씩, 무 600g, 배 300g, 쪽파 100g, 미나리 70g, 갓 100g, 밤 3개, 생새우 100g, 물(소고기 삶을 물) 2L

양념 재료
고춧가루 250g, 다진 마늘 150g, 생강 20g, 멸치액젓·새우젓 100g씩, 조기젓국 40g, 찹쌀죽(물 7컵, 찹쌀 1컵) 1컵, 소고기 육수 1컵, 검은깨 1큰술, 실고추·석이버섯채 약간씩

만드는 법
1   배추 밑동에 칼집을 넣고 손으로 벌려 반으로 가른다.
2   통에 물을 붓고 소금은 분량의 절반을 넣어 녹인 다음 배춧잎 사이사이에 끼얹어 적시고 배추 줄기 부분에 남은 소금을 켜켜이 뿌린다.
3   큰 통을 준비해 ②의 배추를 속이 위로 올라오도록 차곡차곡 쌓고 남은 소금물을 붓는다. 4시간이 지나면 배추를 위아래로 뒤집어 4시간 정도 더 절인다.
4   ③의 절인 배추는 흐르는 물에 3~4번 헹궈 소금기를 빼고 채반에 엎어 물기를 뺀다.
5   양지와 사태는 찬물에 1시간 정도 담가 핏물을 뺀 다음 큰 냄비에 생수 2L를 붓고 고기를 넣어 1시간 삶은 후 고기는 건지고 국물은 식혀 면보에 맑게 거른다. 식은 양지는 손으로 결대로 찢고 사태는 칼로 썬다.
6   찹쌀을 씻어 1시간 정도 불린 후 물을 붓고 20분 정도 끓여 식혀 찹쌀죽을 만든다.
7   손질한 무와 껍질을 깎은 배와 밤은 0.2㎝ 굵기로 채 썬다.
8   다듬어 씻은 쪽파, 미나리, 갓은 모두 3㎝ 길이로 썬다.
9   생새우는 엷은 소금물에 씻어 소쿠리에 올려 물기를 빼 다진다.
10 양념 재료 중 생새우와 새우젓은 곱게 다지고 나머지 재료와 손질해놓은 부재료를 모두 넣고 고루 버무려 김치소를 만든다.
11 ④의 절인 배춧잎 사이사이에 ⑩의 소를 켜켜이 넣고 겉잎으로 배추 전체를 감싼 뒤 단면이 위로 오도록 김치통에 담고 푸른 겉잎으로 덮어 공기가 통하지 않도록 한다.
12 뚜껑을 덮어 실온에서 24시간, 동절기에는 36시간 익힌 후 냉장고에 넣어 15일 정도 숙성시켜 먹는다.

쌀누룩요거트청포도백김치

"청포도를 썰어 넣어 상큼하고 은은한 향이 나는 백김치는 남녀노소 누구나 좋아할 만한 김치입니다. 쌀누룩요거트를 양념에 넣어 만든 백김치는 익었을 때 톡 쏘는 탄산미가 보통의 백김치보다 뛰어나고, 새우젓을 다져 넣는 대신 새우젓과 생수를 1:1로 넣고 달여 액젓만 받아 식힌 새우액젓을 사용하면 맛이 훨씬 깔끔해 외국인들도 좋아할 만한 김치예요."

기본 재료
배추 2포기(5~6kg), 물(절임용) 4L, 소금(절임용) 600g

부재료
청포도 250g, 무 300g, 콜라비 100g, 배 200g, 마늘 60g, 생강 10g,
밤 3개, 석이버섯채 약간, 쪽파·미나리 70g씩, 갓 50g, 홍고추 2개, 대추 4개,
새우액젓(생수 1L, 새우젓 1kg) 50g, 천일염 20g

국물 재료
생수 2L, 청포도 250g, 새우액젓·다진 마늘 40g씩, 다진 생강 15g, 천일염 50g,
쌀누룩요거트(쌀누룩·찹쌀 300g씩, 생수 1L) 1컵, 찹쌀죽(찹쌀 1컵, 물 7컵) ½컵

만드는 법
1 배추 밑동에 칼집을 넣고 손으로 벌려 반으로 가른다.
2 통에 물을 붓고 소금은 분량의 절반만 넣어 녹인 후 배춧잎 사이사이에 끼얹어 적시고 배추 줄기 부분에 남은 소금을 켜켜이 뿌린다.
3 큰 통을 준비해 ②의 배추를 속이 위로 올라오도록 차곡차곡 쌓고 남은 소금물을 붓는다. 4시간 후에 배추 위아래를 뒤집어놓고 다시 4시간 정도 절인다.
4 절인 배추는 흐르는 물에 헹궈 소금기를 빼고 채반에 엎어 물기를 뺀다.
5 무와 콜라비는 솔로 문질러 씻고 배는 껍질을 벗겨 각각 0.4cm 굵기로 채 썰고, 쪽파와 미나리, 갓은 3cm 길이로 썬다.
6 부재료의 청포도는 씻어 씨는 제거하고 0.2cm 두께로 편 썬다. 마늘과 생강, 밤은 껍질을 벗겨 곱게 채 썰고, 석이버섯도 불려 곱게 채 썬다. 대추는 돌려 깎아 씨를 제거해 채 썰고, 홍고추는 반으로 갈라 씨를 제거하고 곱게 채 썬다.
7 냄비에 새우젓과 생수를 1:1로 넣고 중불에서 10분 정도 달여 건더기는 건지고 면보에 액젓만 받아 식혀 새우액젓을 만든다.
8 쌀누룩요거트를 만든다. 찹쌀은 씻어 2시간 정도 불려 전기밥솥에 넣고 생수 1L를 부어 죽 같은 밥을 짓는다. 지은 밥을 20℃ 이하로 차게 식혀 쌀누룩을 넣고 손으로 고루 주무른 후에 전기밥솥에 넣고 뚜껑을 열고 채반을 올려 면보로 덮은 채 보온으로 8시간 발효시킨다. 밥솥의 전원을 끄고 채반과 면보를 제거한 후 뚜껑을 덮어 5시간 더 숙성시킨다.
9 찹쌀은 씻어 1시간 정도 불린 후 물기를 빼고 다시 분량의 물을 부어 끓여 식혀 찹쌀죽을 만든다.
10 손질한 ⑤와 ⑥의 재료를 한데 섞은 후 ⑦의 새우액젓과 천일염을 넣어 다시 한 번 고루 섞어 소를 만든다.
11 ④의 배춧잎 사이사이에 ⑩의 소를 켜켜이 넣고 겉잎으로 배추 전체를 감싼 뒤 단면이 위로 오도록 김치통에 담고 푸른 겉잎으로 덮어 공기가 통하지 않도록 꼭꼭 눌러놓는다.
12 국물에 들어가는 청포도는 씨를 제거한 후 칼로 썰어 믹서에 곱게 갈아 면포로 즙을 짜 둔다.
13 ⑫의 청포도즙과 분량의 국물 재료를 모두 섞어 체에 거른 국물을 ⑪에 붓고 누름판으로 눌러둔다.
14 뚜껑을 덮어 실온에서 1일 동안 익힌 후 김치냉장고에 넣어 10일 정도 숙성시켜 먹는다.

홍어김치

"잘 익은 홍어김치를 드셔 본 분들은 한동안 다른 김치가 생각나지 않을 만큼 홍어김치는 별미 중 별미예요. 삭힌 홍어가 들어간 김치는 익을수록 아삭하면서도 홍어의 암모니아 향이 어우러져 강렬한 맛이 일품이에요."

기본 재료
배추 2포기(절임배추 5~6kg), 물(절임용) 4L, 소금(절임용) 600g

부재료
홍어 500g, 무 600g, 쪽파 100g, 갓 100g, 미나리 70g

양념 재료
고춧가루 250g, 다시마물(물 700mL, 다시마 15g)·찹쌀죽(찹쌀 ½컵, 물 4컵) 1컵씩, 다진 마늘 100g, 다진 생강 15g, 멸치가루 1큰술, 실고추 약간, 검은깨 1큰술, 멸치액젓 200g, 새우젓 40g, 조기젓국 30g

만드는 법
1. 배추 밑동에 칼집을 넣고 손으로 벌려 반으로 가른다.
2. 통에 물을 붓고 소금은 분량의 절반을 넣어 녹인 다음 배춧잎 사이사이에 끼얹어 적시고 배추 줄기 부분에 남은 소금을 켜켜이 뿌린다.
3. 큰 통을 준비해 ②의 배추를 속이 위로 올라오도록 차곡차곡 쌓고 남은 소금물을 붓는다. 4시간이 지나면 배추를 위아래로 뒤집어 4시간 정도 더 절인다.
4. ③의 절인 배추는 흐르는 물에 3~4번 헹궈 소금기를 빼고 채반에 엎어 물기를 뺀다.
5. 냄비에 물과 다시마를 넣어 끓기 시작하면 10분 더 끓이다 불을 끄고 10분 정도 두었다가 다시마를 건져내고 차게 식혀 다시마물을 만든다.
6. 찹쌀을 씻어 1시간 정도 불린 후 물을 붓고 20분 정도 끓여 식혀 찹쌀죽을 만든다.
7. 홍어는 양념 재료의 멸치액젓을 약간 뿌려 밑간한 후 먹기 좋은 크기로 썰어놓는다.
8. 씻어 물기를 제거한 무는 0.2㎝ 굵기로 채 썰고 다듬어 씻은 쪽파, 미나리, 갓은 모두 3㎝ 길이로 썬다.
9. 새우젓을 다져 나머지 양념 재료를 모두 섞은 양념에 손질해둔 홍어, 무, 쪽파, 미나리, 갓의 부재료를 넣고 고루 버무려 김치소를 만든다.
10. ④의 배춧잎 사이사이에 ⑨의 소를 켜켜이 넣고 겉잎으로 배추 전체를 감싼 뒤 단면이 위로 오도록 김치통에 담고 푸른 겉잎으로 덮어 공기가 통하지 않도록 한다.
11. 뚜껑을 덮어 실온에서 24시간, 동절기에는 36시간 익힌 후 냉장고에 넣어 10일 정도 숙성시켜 먹는다.

전통젓국지

"해산물이 풍부하게 들어가는 김치로 감칠맛과 풍미가 최고인 김치 중 하나지요. 해산물뿐만 아니라 양지와 사태를 함께 끓인 육수를 사용해 고기의 감칠맛과 구수함이 더해진 명품 김치예요."

기본 재료
배추 1포기(절임배추 2.5kg), 소금(배추 절임용) 300g, 물(절임용) 2L, 무 1kg,
소금(무 절임용) 50g, 쪽파·갓·미나리 60g씩, 청각 30g, 배 ½개, 밤 2개, 실고추 약간,
소고기 육수 500mL, 천일염(국물용) 18g, 굴 100g, 낙지 1마리, 대하 70g

양념 재료
고춧가루 120g, 다진 마늘 70g, 다진 생강 20g, 다진 새우육젓 60g, 조기젓국 60g

소고기 육수 재료
양지·사태 60g씩, 생수 1.3L

만드는 법
1. 배추 밑동에 칼집을 넣고 손으로 벌려 반으로 가른다.
2. 통에 물을 붓고 소금은 분량의 절반을 넣어 녹인 후 배춧잎 사이사이에 끼얹고 남은 소금을 배추 줄기 부분에 켜켜이 뿌린다.
3. 큰 통을 준비해 ②의 배추를 속이 위로 올라오도록 차곡차곡 쌓고 남은 소금물을 붓는다. 4시간이 지나면 배추를 위아래로 뒤집어 4시간 정도 더 절인다.
4. ③의 절인 배추는 흐르는 물에 3~4번 헹궈 채반에 엎어 물기를 뺀다.
5. 무는 씻어 0.7cm 두께로 사방 5cm 길이로 납작하게 썰어 소금을 뿌려 절인다.
6. 배와 밤은 껍질을 제거해 채 썰고 쪽파, 갓, 미나리는 손질해 씻어 물기를 제거한 뒤 3cm 길이로 썬다.
7. 양지와 사태는 30분 정도 핏물을 뺀 후 분량의 끓는 물에 넣어 40분 정도 끓이고 식혀 고기는 건져내고 면보에 걸러 육수를 준비한다.
8. 마른 청각은 물에 불려 깨끗한 물이 나올 때까지 물을 바꿔가며 주물러 씻은 후 물기를 뺀다.
9. 강판에 간 무즙에 소금을 섞은 뒤 굴을 넣고 손으로 살살 섞어 굴만 채반에 건져 소금물에 두어 번 가볍게 씻어 물기를 뺀다.
10. 낙지는 내장을 제거하고 밀가루와 소금을 넣어 주무른 뒤 빨판에 이물질이 붙어 있지 않도록 흐르는 물에 깨끗하게 헹구고 3cm 길이로 썬다.
11. 대하는 껍질을 벗기고 내장을 제거한 뒤 연한 소금물에 씻어 물기를 없애고 길이로 3등분 포를 뜬다.
12. 그릇에 손질한 배, 쪽파, 갓, 미나리, 청각, 굴, 낙지, 대하와 분량의 양념 재료들을 모두 넣고 고루 섞어 소를 완성한다.
13. ④의 절인 배춧잎 사이사이에 ⑫의 소를 켜켜이 넣고 겉잎으로 배추 전체를 감싼 뒤 단면이 위로 오도록 김치통에 담고 푸른 겉잎으로 덮고 한편에 ⑤의 절인 무를 놓는다.
14. ⑦의 소고기 육수에 천일염을 타 국물을 만들어 ⑬에 붓고 실온에서 1일(동절기에는 2일) 두었다가 냉장고에 넣고 7일 숙성시켜 먹는다.

대하쪽파김치

"대하를 넣어 담근 쪽파김치는 감칠맛도 좋고 익었을 때 깊은 맛과 단맛이 어우러져 별미예요.
쪽파김치를 담글 때는 쪽파를 머리 부분이 멸치액젓에 잘 닿도록 절이는 것이 중요한데 잎이나 줄기보다
머리 부분이 훨씬 두껍기 때문이에요."

기본 재료
쪽파 2kg
양념 재료
대하살 80g, 고춧가루 300g, 간 배 50g, 찹쌀죽 ½컵, 다진 마늘 20g, 멸치가루 1작은술,
멸치액젓·멸치생젓국 100g씩, 조기젓국 50g, 합자젓(홍합젓) 1작은술, 실고추 약간, 검은깨 1작은술

만드는 법
1 쪽파는 뿌리 부분을 잘라내고 누런 잎을 벗긴 다음 깨끗하게 씻어 건져 물기를 뺀다.
2 넓은 그릇에 쪽파를 가지런히 담고 양념 재료의 멸치액젓을 부어 20분 절여 숨이 죽으면
   멸치액젓은 따라 낸다. 이때 쪽파 머리 부분에 멸치액젓이 잘 닿도록 그릇을 기울인 상태로
   절이는 것이 좋다.
3 대하는 머리와 껍질, 내장을 제거한 뒤 엷은 소금물에 씻어 물기를 제거하고 칼로 다진다.
4 ③의 다진 대하에 ②의 따라놓은 멸치액젓 그리고 분량의 재료를 모두 넣고 섞어 양념을 만든다.
5 절인 ②의 쪽파를 가지런히 놓고 ④의 양념을 골고루 발라 먹기 좋게 타래 지어 김치통에 담는다.
6 상온에서 24시간 익혀 김치냉장고에 보관해놓고 먹는다.

키조개섞박지

"키조개섞박지는 무와 배추를 함께 넣어 만든 섞박지로 무와 배추의 풍미가 어우러져 시원하면서도 향이 풍부해요. 신선한 키조개 관자를 썰어 넣어 감칠맛이 뛰어나고 익었을 때 톡 쏘는 탄산미가 훌륭하지요. 키조개가 제철일 때 꼭 한 번 담가 드시길 추천해요. 단맛과 함께 과일의 향을 더하고 싶을 때는 배나 단감을 함께 넣어도 좋아요."

기본 재료
배추·무 3kg씩, 소금(절임용) 400g, 키조개 관자 600g, 쪽파 85g, 천일염 60g

양념 재료
고춧가루 200g, 다진 마늘 180g, 다진 생강 15g, 대하가루 1큰술,
찹쌀죽·멸치액젓·다시마물(물 700mL, 다시마 10g) 180g씩, 새우젓(육젓) 85g

만드는 법
1. 무는 깨끗하게 씻어 두께 1cm 사방 5cm 크기로 납작하게 썬다.
2. 배추도 깨끗하게 씻어 한 장씩 떼어내 무와 같은 크기로 썬다.
3. 무와 배추를 섞어 분량의 천일염을 뿌려 1시간 정도 절여 물기를 뺀다.
4. 냄비에 물과 다시마를 넣고 끓기 시작하면 10분 더 끓이다 불을 끄고 10분 정도 두었다가 다시마를 건져내고 차게 식혀 다시마물을 만든다.
5. 키조개 관자는 손질된 것을 구입해 먹기좋게 썰어 멸치액젓을 뿌려 살짝 절인다.
6. 쪽파는 누런 잎을 떼어내고 씻어 물기를 빼고 3cm 길이로 썬다.
7. 절인 ⑤의 관자와 ⑥의 쪽파에 분량의 재료를 모두 섞어 양념을 만든 다음 ③의 무와 배추를 넣어 고루 버무린다.
8. 김치통에 ⑦의 키조개섞박지를 담아 상온에서 1일 발효시키고 냉장고에 넣어 7일 숙성시켜 먹는다.

천수무 오징어 빠개지

"오징어를 가늘게 채 썰어 넣은 소로 만든 무김치로 보통의 무김치보다 감칠맛이 풍부하고 오징어의 쫄깃한 식감을 느낄 수 있어 더 맛있어요. 천수무는 잎을 제거하지 않고 청까지 모두 김치로 담그면 맛이 훨씬 더 풍부해져요."

기본 재료
천수무 2단, 소금(절임용) 2컵, 오징어 1마리, 고운 고춧가루 60g, 고춧가루 1컵, 다진 마늘 200g, 다진 생강 50g, 찹쌀죽(찹쌀 1컵, 물 7컵) 2컵, 쪽파 200g, 갓 100g, 간 배 1개 분량, 석이버섯 약간, 검은깨·실고추 약간씩, 새우젓 170g, 멸치액젓 1컵

만드는 법
1. 천수무는 누런 겉잎은 떼어내고 무청은 그대로 남겨둔 채 뿌리와 밑동을 다듬어 정리하고 부드러운 솔이나 수세미로 문질러 씻은 뒤 물기를 뺀다.
2. 손질한 천수무는 머리부터 밑동 4분의 3 지점까지 3등분으로 칼집을 내고 소금을 뿌려 2~3시간 절인 뒤 흐르는 물에 씻어 소쿠리에 건져 물기를 뺀다.
3. 내장을 제거해 깨끗하게 씻은 오징어는 아주 가늘게 채 썰어 멸치액젓을 약간 넣어 간한다.
4. 배는 껍질을 벗겨 곱게 간다.
5. 쪽파와 갓은 다듬어 씻어 물기를 빼고 5cm 길이로 썬다.
6. 석이버섯은 미지근한 쌀뜨물에 살짝 불려 이끼와 이물질을 깨끗하게 제거한 후 곱게 채 썬다.
7. 찹쌀은 씻어 1시간 정도 불린 후 물기를 빼고 다시 분량의 물을 부어 식혀 찹쌀죽을 만든다.
8. ②의 천수무를 그릇에 담고 고운 고춧가루를 넣고 버무려 물을 들인다.
9. 고춧가루에 오징어, 간 배, 다진 마늘, 다진 생강, 찹쌀죽, 새우젓, 멸치액젓, 쪽파, 갓, 검은깨, 실고추, 석이버섯을 넣고 고루 섞어 소를 완성한다.
10. ⑧의 물들인 천수무 사이사이에 ⑨의 소를 넣은 후 김치통에 차곡차곡 담고 절인 무청으로 빠개지를 덮는다.
11. 뚜껑을 닫고 실온에서 2일 정도 익히고 냉장고에서 10일 숙성시켜 먹는다.

보리열무김치

"열무김치는 대표적인 여름 김치로 그냥 먹어도 맛있지만 비빔밥이나 비빔국수에 넣어 먹으면 별미지요. 특히 열무김치에 보리죽을 넣으면 열무김치가 잘 쉬지 않고 숙성되었을 때 맛이 깔끔하고 탄산처럼 쨍하게 익도록 도와줘요."

기본 재료
열무 4kg(2단), 물(절임용) 2L, 소금(절임용) 100g

부재료
쪽파 100g, 홍고추 5개, 마른 고추·고춧가루 150g씩, 다진 마늘 200g, 다진 생강 15g,
보리죽(보리쌀 1컵, 생수 7컵) 3컵, 다시마멸치 육수(생수 500㎖, 다시마 10g, 국물용 멸치 50g) 1컵,
멸치가루 1작은술, 멸치생젓 100g, 멸치액젓 200g

만드는 법

1. 열무는 30㎝ 길이로 연한 것으로 준비해 누런 겉잎을 떼어내고 칼끝으로 뿌리 부분을 긁어 깔끔하게 손질한 다음 흐르는 물에 3~4번 정도 씻는다.
2. 소금을 넣어 녹인 절임물에 열무를 넣어 중간에 뒤집어가며 40분 절여 흐르는 물에 한 번 헹군 뒤 채반에 엎어 물기를 뺀다.
3. 냄비에 생수와 다시마, 국물용 멸치를 넣고 끓기 시작하면 다시마는 건져내고 5분 더 끓여 육수를 만든다.
4. 마른 고추는 3~4등분해 씨를 털어내고 ③의 육수에 담가 20분 정도 불린 후 믹서에 간다.
5. 압력솥에 1시간 정도 물에 불린 보리쌀과 생수를 붓고 압력솥 추가 소리를 내며 흔들리면 약불로 줄여 20분을 더 끓인다. 이후 불을 끄고 압력이 빠질 때까지 기다린 뒤 뚜껑을 열고 뒤적여 식혀서 보리죽을 완성한다.
6. 쪽파는 다듬어 씻어 물기를 뺀 뒤 넓은 그릇에 가지런히 담고 멸치액젓을 부어 20분 절여 숨이 죽으면 멸치액젓은 따라낸다.
7. 홍고추는 2㎝ 길이로 채 썬다.
8. ⑤의 보리죽에 ④를 붓고 ⑥의 따라낸 멸치액젓과 멸치생젓, 고춧가루, 마늘, 생강, 멸치가루, 홍고추를 넣어 고루 섞어 양념을 완성한다.
9. ⑧의 양념에 열무와 쪽파를 넣고 풋내가 나지 않도록 양념을 묻히듯 버무려 김칫통에 담아 실온에서 6시간 익힌 뒤 김치냉장고에 보관해가며 먹는다.

돌산갓반지

"국물을 넉넉하게 넣어 만든 돌산갓반지는 국물에 녹아든 갓의 향이 입맛을 돋워줘요.
배와 사과를 갈아 넣어 은은한 단맛이 나고 고춧가루 대신 청양고추와 홍고추를 갈아 넣어
텁텁하지 않으면서 개운하고 찰찰한 맛을 자랑해요."

기본 재료
돌산갓 2단(4kg), 물(절임용) 2L, 소금(절임용) 200g, 청양고추 15개, 홍고추 10개, 무 500g,
배·사과 1개씩, 마늘 150g, 생강 20g, 쪽파 100g, 찹쌀죽(찹쌀 ½컵, 물 4컵) ½컵,
다시마멸치 육수(생수 2L, 다시마 15g, 국물용 멸치 50g) 1L
국물 재료
생수 4L, 천일염 90g

만드는 법
1 갓은 포기가 크지 않은 연한 것으로 골라 누런 잎은 떼어내고 흐르는 물에 3~4번 정도
   깨끗하게 씻어 물기를 뺀다.
2 소금을 물에 녹여 갓을 넣어 중간에 뒤집어가며 1시간 절였다가 흐르는 물에 씻어 물기를 뺀다.
3 찹쌀을 씻어 1시간 정도 불린 후 물을 붓고 20분 정도 끓여 식혀 찹쌀죽을 만든다.
4 냄비에 생수와 다시마, 국물용 멸치를 넣고 끓기 시작하면 다시마는 건져내고 5분 더 끓여 육수를 만든다.
5 무와 배, 사과는 껍질을 벗겨 갈기 쉽게 썰어놓는다.
6 믹서에 손질한 ⑤의 무, 썰어놓은 배, 사과, 청양고추, 홍고추, 마늘, 생강 그리고 ④의 육수를 넣고
   거칠게 간다.
7 생수에 천일염을 섞어 국물을 만든다.
8 다듬어 씻은 쪽파는 3㎝ 길이로 썬다.
9 거칠게 간 ⑥에 찹쌀죽과 다시마멸치 육수를 넣어 버무린 후 ②의 갓과 손질한 쪽파를 넣고
   한 번 더 버무린다.
10 김치통에 잘 버무린 ⑨의 갓을 담고 ⑦의 국물을 부어 상온에서 1일 숙성시켜 냉장고에
   보관해가며 먹는다.

얼갈이 나박김치

"떡국은 물론 송편과 함께 먹어도 맛있는 김치로 명절이 되면 꼭 생각나는 나박김치를 얼갈이로 만들었어요. 나박김치에 얼갈이를 넣으면 식감이 풍부해지는 것은 물론 특유의 향이 더해져 별미이고 맛은 개운해요."

기본 재료
얼갈이 2단, 소금(절임용) 120g, 물(절임용) 1.5L
부재료
쪽파 70g, 갓 30g, 홍고추·청고추 3개씩, 배·사과 1개씩
국물 재료
고운 고춧가루·마늘 100g씩, 생강 20g, 천일염 60g, 마른 고추 30g,
우리밀가루풀(밀가루 20g, 찬물 500㎖), 생수 1.5L
다시마물 재료
다시마 25g, 생수 2L

만드는 법
1 얼갈이는 누런 잎을 떼어내고 손질해 흐르는 물에 3~4번 씻은 후 3㎝ 길이로 썬다.
2 소금을 넣어 녹인 분량의 물에 얼갈이를 담가 15분 정도 절이고 다시 뒤집어 15분 절인 후
 흐르는 물에 2~3번 헹궈 채반에 밭쳐 물기를 뺀다.
3 쪽파와 갓은 손질 후 씻어 3㎝ 길이로 썰고 홍고추와 청고추는 반으로 갈라 씨를 털어내고 채 썬다.
4 배와 사과는 껍질을 벗겨 사방 2.5㎝ 길이로 나박 썬다.
5 냄비에 생수를 붓고 다시마를 넣은 뒤 끓으면 7분 정도 더 끓이다 불을 끈 후 다시마는 건져내고
 식혀 다시마물을 만든다.
6 찬물에 우리밀가루를 멍울 없이 풀어 저어가며 끓여 풀을 쑤어 차게 식힌다.
7 믹서에 마늘과 생강 그리고 조각낸 마른 고추를 넣고 ⑤의 다시마물을 모두 부어 곱게 간다.
8 ⑦에 천일염과 생수, ⑥의 우리밀가루풀과 고운 고춧가루를 넣어 잘 섞은 뒤 샤주머니에 부어
 꼭 짜 국물을 만든다.
9 김치통에 ②의 얼갈이와 손질한 부재료들을 모두 넣고 ⑧의 국물을 붓는다.
10 ⑨에 ⑧의 샤주머니를 올려 실온에서 24시간 익힌 후 냉장고에서 저장해가며 먹는다.

과일애기보김치

"한입에 먹기 좋은 '과일애기보김치'는 절인 배춧잎에 제철 과일을 양념해 소처럼 넣은 후 국물을 부어 숙성시켜 먹는 김치예요. 과일에서 우러나오는 은은한 향과 단맛이 배추와 양념과 어우러져 별미인 데다 맵지 않아 아이들도 좋아할 만한 김치지요."

기본 재료
배추 3kg, 물(절임용) 2L, 소금(배춧잎 절임용) 300g, 무 500g,
소금(배추속대 절임용) 30g, 소금(무 절임용) 2큰술

부재료
미나리 200g, 쪽파·갓 60g씩, 배·사과(홍옥) 1개씩, 밤·사과대추 3개씩, 샤인머스켓 7알, 은행 15개,
잣 1큰술, 석이버섯 약간

양념 재료
고운 고춧가루 40g, 새우액젓(생수 1L, 새우젓 1kg) 30g, 찹쌀죽(찹쌀 ½컵, 물 4컵) ½컵,
다진 마늘 40g, 생강즙 1작은술

국물 재료
생수 2.5L, 배즙 2컵, 천일염 40g

만드는 법
1   배추는 밑동 위 5cm 지점을 자르고 배춧잎을 조심스럽게 떼어내고 속대를 600g 정도 남긴다.
    분량의 물에 소금을 넣고 녹인 다음 배추 이파리를 담가 3시간 정도 절인 후 흐르는 물에
    2~3번 헹궈 채반에 밭쳐 물기를 뺀다.
2   배추속대는 사방 1.5cm 크기로 썰어 천일염을 뿌려 섞어 1시간 정도 절였다가 채반에 건져 물기를 뺀다.
3   무도 사방 1.5cm 크기로 나박 썰어 소금에 1시간 정도 절인 후 채반에 건져 물기를 뺀다.
4   배, 사과는 껍질을 벗겨 사방 1cm 크기로 썰고, 껍질 벗긴 밤과 대추사과, 샤인머스켓은
    모양대로 편으로 썬다.
5   쪽파와 갓은 손질해 씻어 물기를 제거한 후 1cm 길이로 썬다.
6   석이버섯은 미지근한 쌀뜨물에 살짝 불려 이끼와 이물질을 깨끗하게 제거한 후 곱게 채 썬다.
7   냄비에 새우젓과 생수를 1:1로 넣고 중약불에서 7분 정도 끓여 면보에 걸러 국물만 받아 식혀
    새우액젓을 만든다.
8   찹쌀은 씻어 1시간 정도 불린 후 물기를 빼 분량의 물을 부어 끓여 식혀 찹쌀죽을 만든다.
9   ⑦와 ⑧에 분량의 나머지 재료들을 모두 섞어 양념을 만든다.
10 ②와 ③에 손질한 부재료들을 모두 섞고 ⑨의 양념을 넣어 버무려 김치소를 만든다.
11 ①의 절인 배춧잎의 두툼한 줄기 부분은 적당히 잘라내고 부드러운 잎 부분만 남겨
    배추보자기를 만든다.
12 미나리는 잎을 떼고 줄기만 준비해 끓는 물에 살짝 데쳐 찬물에 헹궈 물기를 뺀다.
13 ⑪의 배추보자기에 ⑩의 김치소를 30g 정도 넣고 만두 모양으로 만들어 미나리로 입구를 묶는다.
14 밀폐 용기에 과일보김치를 넣고 분량의 재료를 섞어 만든 국물을 부어 상온에서 1일 정도 익힌 뒤
    냉장고에 넣어 3~4일 후부터 꺼내 먹는다.

쌀누룩된장돌산갓김치

"남도에서 겨울을 난 돌산갓은 알싸한 맛도 일품이지만 영양소가 농축되어 있어 갓김치는 겨울이면 꼭 한 번쯤은 먹어야 할 음식 중 하나에요. 게다가 잘 익은 쌀누룩된장을 양념에 더하면 구수하면서도 특유의 감칠맛이 더해져 맛과 풍미가 더욱 좋아지지요."

기본 재료
돌산갓 4kg, 물(절임용) 2L, 소금(절임용) 400g

양념 재료
고춧가루 2컵, 마른 고추 200g, 찹쌀죽(찹쌀 1컵, 물 7컵) 2컵,
다시마멸치 육수(다시마 20g, 국물용 멸치 50g, 물 1L) 3컵, 다진 마늘 150g, 다진 생강 30g,
쌀누룩된장 2컵, 멸치액젓 100g, 멸치 가루 1큰술

만드는 법
1. 돌산갓은 포기가 작고 연한 것으로 골라 누런 잎은 떼어내고 흐르는 물에 3~4번 정도 깨끗하게 씻어 물기를 뺀다.
2. 물 2L에 소금 분량의 절반을 넣어 녹인 후 갓을 담고 줄기 부분에 남은 소금을 켜켜이 뿌려 3시간이 지나면 갓을 위아래로 뒤집어 1시간 30분 정도 더 절인 뒤 흐르는 물에 헹구고 채반에 엎어 물기를 뺀다.
3. 찹쌀을 씻어 2시간 정도 불린 후 물과 함께 냄비에 넣고 20분 정도 저어가며 끓여 찹쌀죽을 쑤어 식힌다.
4. 물에 다시마와 국물용 멸치를 넣고 끓기 시작하면 10분 후에 다시마를 건져내고 10분 정도 더 끓여 육수만 걸러 식힌다.
5. 잘라놓은 마른 고추는 물에 깨끗이 씻어 ④의 다시마멸치 육수에 20~30분 정도 불린 후 육수와 함께 믹서에 넣고 성글게 간다.
6. 큰 그릇에 멸치액젓을 붓고 고춧가루를 넣어 불리고 ⑤의 간 고추와 다진 마늘, 다진 생강, 쌀누룩된장, 멸치 가루, 찹쌀죽을 넣고 함께 고루 섞어 양념을 완성한다.
7. ②의 갓에 ⑥의 양념을 넣어 버무린 후 2~3줄기씩 잡아 곱게 타래 지어 김치통에 차곡차곡 눌러가며 담는다.
8. 25℃의 상온에서 1일 익혀 냉장고에 넣고 20일 정도 더 숙성시켜 먹는다.

낙지포기김치

"경상도 지방에서는 생선을 넣어 김치를 담그는 경우가 많은데 낙지를 이용해 김치를 담가도 정말 별미입니다. 잘 손질한 낙지는 비린내가 없고 감칠맛이 뛰어나며 익을수록 김치의 맛을 더욱 풍부하게 만들어줘요. 김치의 식이섬유와 유산균 여기에 낙지의 단백질까지 보충해 영양적으로도 완벽한 김치 중 하나지요."

기본 재료
배추 2포기(절임배추 5~6kg), 물(절임용) 4L, 소금(절임용) 600g, 밀가루(낙지 손질용) 3큰술, 소금(낙지 손질용) 2큰술, 감초물(감초 1조각, 물 1L) 1L

부재료
낙지 2마리(500g), 무 600g, 배 300g, 쪽파 100g, 미나리 80g, 갓 100g

양념 재료
고춧가루 200g, 다시마물(물 700mL, 다시마 10g)·찹쌀죽(찹쌀 ½컵, 물 4컵) 1컵씩, 다진 마늘 150g, 다진 생강 25g, 멸치액젓 160g, 새우젓 50g, 조기젓국 100g, 실고추 약간, 검은깨 1큰술

만드는 법
1. 배추 밑동에 칼집을 넣고 손으로 벌려 반으로 가른다.
2. 통에 물을 붓고 소금은 분량의 절반을 넣어 녹인 다음 배춧잎 사이사이에 끼얹어 적시고 배추 줄기 부분에 남은 소금을 켜켜이 뿌린다.
3. 큰 통을 준비해 ②의 배추를 속이 위로 올라오도록 차곡차곡 쌓고 남은 소금물을 붓는다. 4시간이 지나면 배추를 위아래로 뒤집어 4시간 정도 더 절인다.
4. ③의 절인 배추는 흐르는 물에 3~4번 헹궈 소금기를 빼고 채반에 엎어 물기를 뺀다.
5. 낙지는 내장을 제거하고 빨판 부분에 밀가루와 소금을 혼합해 뿌려 주물러서 불순물을 떼어내고 깨끗한 물에 여러 번 헹군다. 끓는 물에 감초를 넣고 우러나면 감초를 건져내고 손질한 낙지를 넣어 살짝 데친 후 식혀 3~4cm 길이로 썬다.
6. 냄비에 물과 다시마를 넣어 끓기 시작하면 10분 더 끓이다 불을 끄고 10분 정도 두었다가 다시마를 건져내고 차게 식혀 다시마물을 만든다.
7. 찹쌀을 씻어 1시간 정도 불린 후 물을 붓고 20분 정도 끓여 식혀 찹쌀죽을 만든다.
8. 손질한 무와 껍질을 깐 배는 0.2cm 굵기로 채 썬다.
9. 다듬어 씻은 쪽파, 미나리, 갓은 모두 3cm 길이로 썬다.
10. 새우젓을 다져 나머지 재료를 모두 섞은 양념에 손질해 둔 낙지, 무, 배, 쪽파, 미나리, 갓의 부재료를 넣고 고루 버무려 김치소를 만든다.
11. ④의 배춧잎 사이사이에 ⑩의 소를 켜켜이 넣고 겉잎으로 배추 전체를 감싼 뒤 단면이 위로 오도록 김치통에 담고 푸른 겉잎으로 덮어 공기가 통하지 않도록 한다.
12. 뚜껑을 덮어 실온에서 24시간, 동절기에는 36시간 익힌 후 냉장고에 넣어 10일 정도 숙성시켜 먹는다.

묵은지

"1년 이상 두고 먹는 묵은지는 소를 최대한 간소하게 넣고 대신 고추씨를 첨가해 맛의 변화 없이 오래 두고 먹을 수 있도록 했어요. 묵은지에 갓을 넣는 이유 역시 김치가 빨리 익는 것을 방지해주기 때문이에요. 무 역시 채 썰어 넣지 않고 갈아 넣어야 김치가 무르지 않고 오랜 시간 시원한 맛을 유지할 수 있어요."

기본 재료
배추 3포기(절임 배추 7kg), 소금(절임용) 900g, 물(절임용) 6L

부재료
무 1kg, 쪽파·갓 100g씩, 고춧가루 300g, 다시마멸치 육수(생수 2L, 다시마 15g, 국물용 멸치 50g) 2컵, 다진 마늘 150g, 다진 생강 15g, 고추씨 250g, 멸치액젓 200g, 멸치생젓·새우젓 150g씩

만드는 법
1. 배추 밑동에 칼집을 넣고 손으로 벌려 반으로 가른다.
2. 통에 물을 붓고 소금은 분량의 절반을 넣어 녹인 다음 배춧잎 사이사이에 끼얹어 적시고 배추 줄기 부분에 남은 소금을 켜켜이 뿌린다.
3. 큰 통을 준비해 ②의 배추를 속이 위로 올라오도록 차곡차곡 쌓고 남은 소금물을 붓는다. 4시간이 지나면 배추를 위아래로 뒤집어 4시간 정도 더 절인다.
4. ③의 절인 배추는 흐르는 물에 2~3번 헹궈 채반에 엎어 물기를 뺀다.
5. 냄비에 생수와 다시마, 멸치를 넣고 10분 정도 끓이면 다시마는 건져내고 5분 더 끓인 후 불을 끄고 멸치를 건져내 식힌다.
6. 무는 깨끗하게 씻어 잔뿌리를 떼어내고 큼직하게 썰어 믹서에 ⑤의 다시마멸치 육수 2컵을 넣고 곱게 간다.
7. 쪽파와 갓은 누런 겉잎을 떼어내고 씻어 물기를 제거한 뒤 3cm 길이로 썬다.
8. 부재료 중 멸치생젓과 새우젓은 다져 넣고 곱게 간 무즙과 고춧가루, 다진 마늘, 다진 생강, 고추씨, 멸치액젓을 넣어 고루 버무려 양념을 만든다.
9. ⑧의 양념에 ⑦의 쪽파와 갓을 넣어 버무려 소를 완성한다.
10. ④의 배춧잎 사이사이에 ⑨의 소를 켜켜이 넣고 겉잎으로 배추 전체를 감싼 뒤 단면이 위로 오도록 김치통에 담고 푸른 겉잎으로 덮어 공기가 통하지 않도록 한다.
11. 뚜껑을 덮어 실온에서 2일 익힌 후 김치냉장고 저온 보관 모드에서 1년 동안 저장해놓고 먹는다.

김치설기

"맛있게 익은 김치가 있다면 김치설기를 한 번 만들어 보길 추천해요. 속을 털어낸 김치를 쫑쫑 썰어 쌀가루에 섞어 떡을 만들면 밥을 대신하는 훌륭한 한 끼가 되지요. 또 김치의 새콤달콤한 맛과 담백한 떡이 절묘하게 어우러진 별미이기도 하고요."

기본 재료
멥쌀 1kg, 천일염 20g, 생수 ½컵, 유기농원당 80g, 배추포기김치 400g

만드는 법
1. 멥쌀은 깨끗하게 씻어 2시간 불린 뒤 건져 채반에 받쳐 30분 정도 물기를 빼고 천일염을 넣어 곱게 빻는다.
2. ①에 생수를 골고루 붓고 양손으로 비벼가며 중간체에 내린 후 분량의 유기농원당을 반만 넣어 고루 섞는다. 이때 물의 양은 쌀가루의 수분 상태에 따라 가감한다.
3. 배추포기김치는 속을 털어내고 씻어 쫑쫑 썰어 면보로 꼭 짠 뒤 남은 유기농원당을 넣고 고루 버무린다.
4. 너른 그릇에 ②의 쌀가루와 ③의 김치를 넣고 고루 섞는다.
5. 찜통을 준비하고 아래에 시루밑을 깔고 ④의 김치떡가루를 편평하게 잘 펴서 안친다.
6. 떡가루 위로 골고루 김이 오르면 뚜껑을 덮고 약 20분 정도 찐 후 약불로 줄여 5분간 뜸을 들인다.
7. 젓가락을 꽂아 떡가루가 묻어 나오지 않으면 불을 끄고 모판에 시루떡 모양이 흐트러지지 않도록 쏟아 한 김 식혀 썬다.

황인숙

우리 몸에 이로운 '발효음식'

저와 남편의 식성을 동물에 비유하자면 사자와 소로 비교할 정도로 식성이 달라요. 남편은 기름진 음식과 육류를 좋아하고 저는 채소 위주의 식사를 즐겨요. 식성만큼이나 체격에도 차이가 나는데 저는 정상 체중, 남편은 고도비만이다 보니 식탁에는 가급적으로 육류를 최소화로 올릴 수밖에 없었어요. 평소 배려심 많고 착한 성정의 남편이지만 밥상 앞에서는 부부간에 다툼이 잦을 수밖에 없었지요.

그런데 기름진 음식만 좋아한다는 남편의 편견을 깬 음식이 있는데 바로 묵밥이에요. 묵밥은 저에게는 만들기 번거로운 음식인 터라 우리 집 메뉴에는 없었어요. 그런데 육류나 기름진 음식만 좋아한다고 생각했던 남편이 묵 쑤는 법을 배운 뒤에 집에서 쑨 묵을 썰어 잘 익은 김치를 올려 주었더니 정말 맛있게 먹는 거예요. 그때 깨달은 것은 좋은 의도로 채식을 권하기만 했지 제대로 된 지혜와 솜씨가 없어 먹는 것에서 즐거움을 찾는 남편을 만족시킬 수 없었던 것이죠. 그래서 더욱 요리 공부를 열심히 했던 것 같아요.

그중에서도 한식은 어머니가 해주시던 음식이라 가장 친근하기도 하고 '발효'라는 큰 틀 안에서 우리 몸을 살려주는 음식이란 생각이 들었습니다. 그래서 처음부터 배우기 어렵긴 해도 '발효음식'에 관심을 갖게 되었지요. 처음 요리를 배운 선생님께 소금을 시작으로 젓갈, 장 담그기와 같은 발효의 기본기를 배웠어요. 한국 음식의 맛을 좌우하는 소금과 젓갈과 같은 기본기를 배우고 나니 자연스럽게 김치와 전통 발효음식에 눈을 돌리게 되더라고요.

저는 은행원으로 37년을 살았습니다. 손님을 직접 대면하는 창구에서 일할 때는 화장실에 갈 시간도 없이 바빴고 책임자 이후 지점장 시절에는 실적 스트레스가 많아 늘 변비에 시달릴 수밖에 없었어요. 부모님으로부터 건강한 체질을 물려받아 병원을 멀리하고 살아왔는데 유독 변비 때문에 약도 많이 먹고 양방은 물론 한방병원까지 자주 찾아야 했지요. 여행 갈 때도 변비약은 제게 필수품이었어요. 그 고질병인 변비를 발효음식을 배우며 한 방에 날려버렸습니다. 잘 발효시킨 젓갈로 담은 물김치에 물을 타 마시니 어떤 변비약보다 빠르게 효과를 보았어요. 요즘은 가벼워진 몸 덕분에 마음까지 편안해졌지요. 오랜 시간 저를 괴롭히던 변비가 없어지니 '발효음식'의 힘에 다시금 놀랄 수밖에 없었어요. 발효음식은 미생물들이 잘 활동할 수 있는 환경을 만들어주고 미생물들은 우리 인간에게 좋은 균을 만들어준다는 사실을 몸소 체험하게 된 것이지요. 사람은 자연과 더불어 살아야 하는 이유를 알게 된 것이고요.

예로부터 한식은 약식동원(藥食同源)이라 하여 '음식이 곧 약이 된다'는 개념을 가지고 있어요. 쌀을 주식으로 여러 가지 반찬을 곁들이는 형태는 영양적으로도 매우 우수하고 과학적이지요. 5대 영양소를 골고루 섭취할 수 있으니까요.

정성을 기울여 오랜 기간 숙성하고 발효시킨 조리법도 오늘날의 '슬로 푸드', '웰빙' 트렌드와 잘 맞고요. 우리 조상들은 동지에는 팥죽을, 한여름 뜨거운 더위로 몸이 축나기 쉬운 계절에는 복달임 음식을 먹었어요. 계절에 따라 각 절기에 맞춰 절기 음식을 만들어 먹는 것만 봐도 조상들의 지혜에 탄복하게 돼요.

발효음식을 배우고 익히는 것이 40년 가까이 해온 직장 생활보다 더 어렵게 느껴질 때가 많았던 것은 발효의 기본은 정성에서 시작되기 때문이겠지요. 유산균이 풍부한 김치, 감칠맛 넘치는 젓갈과 장처럼 우리의 전통 발효음식에는 정성과 먹는 이에 대한 배려가 필요하더라고요. 정성을 요하는 음식들이 많으니 힘들 때도 많았지만 그런데도 요리는 마음이 힘들 때 많은 위로가 되어준 친구이기도 해요. 무한으로 반복하는 칼질에 집중하면서 잡생각을 없애주기도 하고 좋은 재료를 보면 어떤 요리를 만들까 새로운 아이디어를 샘솟게 하기도 하고요. 또 음식은 사람을 무장 해제시키고 편안하게 만들어주는 마법을 부리곤 해요. 요즘은 가까이에 사는 지인들을 초대해 음식을 나누는 그 자체가 참 행복합니다.

황국균 쌀누룩

"장백균에 비해 황국균으로 배양한 쌀입국은 단맛이 강해 다양한 요리에 설탕 대신 단맛을 내는 데 사용하면 좋아요. 또 천연 단맛으로 쌀요거트를 만들어 견과류나 과일을 더해 간식으로 내놓으면 아이들이 너무 좋아해요."

기본 재료
멥쌀 1kg, 황국균 3g

준비물
면보(90×90㎝) 2장, 김장용 비닐봉투(10kg용) 1장, 품온계, 무릎담요,
사각 스테인리스 쟁반, 소형 전기장판, 슈가파우더통

만드는 법

1. 멥쌀은 맑은 물이 나올 때까지 쌀알이 상하지 않게 가볍게 씻어 여름에는 2~3시간, 겨울에는 4~5시간 충분히 불린다.
2. 불린 쌀은 소쿠리에 담아 30분 정도 물기를 뺀다.
3. 찜기에 물을 붓고 끓기 시작하면 물에 적셔 꼭 짠 면보를 깔고 ②의 쌀을 붓고 수증기가 잘 올라오도록 구멍을 낸다. 뚜껑을 닫고 50분 정도 찐 후 불을 끄고 5분간 뜸을 들인다.
4. 넓은 쟁반에 ③의 고두밥을 붓고 밥알이 알알이 떨어지도록 넓게 편 후 25℃ 이하로 식힌다.
5. 슈가파우더통에 황국균을 넣은 뒤 고두밥에 골고루 뿌려 파종한다.
6. 넓은 쟁반 위에 삶아 소독한 면보를 펼쳐 놓고 ⑤의 파종이 끝난 쌀누룩을 올린 뒤 면보로 덮고 김장용 비닐봉투에 넣고 입구를 봉한다.
7. 소형 전기장판을 저온 모드로 설정해 ⑦을 올려놓고 담요를 덮어 15~16시간 동안 1차 발효를 시작한다. 이때 1차 발효가 끝날 때까지 절대 봉투를 열지 않도록 한다.
8. 1차 발효가 끝나면 비닐봉투를 벗기고 비닐봉투에 생긴 응축수를 삶아 소독한 행주로 닦아낸다. 이때 누룩 속 온도가 40℃가 넘으면 균들이 사멸되기 때문에 소독한 면보를 찬물에 적셔 꼭 짠 후 약 15분 정도 덮어 25℃ 정도로 식힌다.
9. ⑧을 다시 면보로 덮고 저온 모드로 설정한 소형 전기장판에 올려놓고 담요를 덮어 10시간 정도 2차 발효를 한다.
10. ⑨를 열어보아 온도가 높으면 1차 때와 마찬가지로 소독한 면보를 찬물에 적셔 꼭 짠 후 약 15분 정도 덮어 25℃로 식힌다.
11. ⑩을 다시 면보로 덮고 저온 모드로 설정한 소형 전기장판에 올려놓고 담요를 덮어 36~42시간 정도 3차 발효한다. 이때 26시간 이후부터는 4시간마다 2번 열어보고 다시 2시간 간격으로 2번 열어 쌀누룩 상태를 수시로 살핀다. 또한 38시간 이후부터는 비닐봉투를 벗기고 전기장판의 전원도 뺀다.

전복김치

"쫄깃한 전복의 식감과 유자의 은은한 향이 더해진 전복김치는 다소 생소할 수 있지만 조선시대 때부터 전해 내려오는 우리나라의 전통 김치 중 하나예요. 시원한 무와 달콤한 배 그리고 유자와 함께 생강을 넣어 풍미가 뛰어나 남녀노소 누구나 좋아할 만한 별미지요. 만들어 바로 먹어도 되지만 하루 정도 냉장고에 숙성시켜 먹으면 더욱 맛있습니다."

기본 재료
전복 8미, 물(전복 삶기용) 1L, 감초(전복 삶기용) 1조각, 무 150g, 유자 ½개, 생강 15g, 쪽파 20g, 배 300g, 천일염 50g, 생수(국물용) 1L, 석이버섯 약간

만드는 법
1 전복은 솔로 문질러 깨끗하게 씻은 후 껍질을 떼어내고 내장과 이빨을 제거한다.
2 냄비에 물과 감초, 손질한 전복을 넣어 물이 끓기 직전에 불을 끈 뒤 20~30초 정도 두었다가 전복을 꺼내 씻지 말고 그대로 식힌다.
3 식힌 전복은 채반에 올려 한나절 정도 말린 뒤 길이로 칼집을 2~3번 넣어 주머니 모양이 되도록 한다.
4 유자는 소금으로 문질러 가며 깨끗하게 씻어 물기를 닦고 껍질을 까 껍질의 흰 섬유질 부분은 포를 떠 제거한 뒤 껍질만 곱게 채 썬다.
5 무는 유자 길이로 채 썰고, 생강은 껍질을 제거해 씻어 채 썬다.
6 쪽파는 다듬어 씻어 3㎝ 길이로 썰고, 배는 껍질을 제거해 유자 길이로 곱게 채 썬다.
7 석이버섯은 미지근한 쌀뜨물에 불려 곱게 채 썬다.
8 생수에 분량의 천일염을 넣어 녹여 국물을 만든다.
9 채 썬 유자 껍질, 무, 생강, 쪽파, 배, 석이버섯을 고루 섞어 소를 만든다.
10 ③의 저며놓은 전복에 ⑨의 소를 채운 후 준비된 용기에 담고 ⑧의 국물을 붓는다.

배추 한 포기 담그기

"요즘에는 혼자 살지만 음식에 대한 관심과 애정이 많아 김치 담그기에 도전하는 분들이 많아요. 그래서 배추 한 포기 담그기 레시피를 준비했어요. 배추를 절일 때는 물론 양념을 만들 때도 염도 체크를 꼼꼼하게 해 짜지 않으면서도 아삭한 식감이 살아 있는 배추김치를 꼭 한 번 담가보길 추천해요."

기본 재료
배추 1포기(절임배추 2kg), 물(절임용) 2L, 소금(절임용) 300g
부재료
무 250g, 배 200g, 쪽파·미나리·갓 50g씩
양념 재료
고춧가루 200g, 찹쌀죽(찹쌀 ½컵, 물 4컵) ½컵, 다시마물(물 700mL, 다시마 10g) ½컵,
다진 마늘 130g, 다진 생강 20g, 생새우 80g, 멸치액젓 150g, 새우젓 50g, 실고추 약간, 검은깨 1큰술

만드는 법
1 배추 밑동에 칼집을 넣고 손으로 벌려 반으로 가른다.
2 통에 물을 붓고 소금은 분량의 절반을 넣어 녹인 다음 배춧잎 사이사이에 끼얹어 적시고 배추 줄기 부분에 남은 소금을 켜켜이 뿌린다.
3 큰 통을 준비해 ②의 배추를 속이 위로 올라오도록 차곡차곡 쌓고 남은 소금물을 붓는다. 4시간이 지나면 배추를 위아래로 뒤집어 4시간 정도 더 절인다.
4 ③의 절인 배추는 흐르는 물에 3~4번 헹궈 소금기를 빼고 채반에 엎어 물기를 뺀다.
5 냄비에 물과 다시마를 넣고 끓기 시작하면 10분 더 끓이다 불을 끄고 10분 정도 두었다가 다시마를 건져내고 차게 식혀 다시마물을 만든다.
6 찹쌀을 씻어 1시간 정도 불린 후 물을 붓고 20분 정도 끓여 식혀 찹쌀죽을 만든다.
7 손질한 무와 껍질을 깎은 배는 0.2cm 굵기로 채 썬다.
8 다듬어 씻은 쪽파, 미나리, 갓은 모두 3cm 길이로 썬다.
9 생새우는 옅은 소금물에 씻어 소쿠리에 올려 물기를 뺀다.
10 ⑨의 생새우와 새우젓은 다진 후 나머지 양념 재료들과 섞어 양념을 만든다.
11 손질해놓은 부재료에 ⑩의 양념을 넣고 고루 버무려 김치소를 만든다.
12 ④의 배춧잎 사이사이에 ⑪의 소를 켜켜이 넣고 겉잎으로 배추 전체를 감싼 뒤 단면이 위로 오도록 김치통에 담고 푸른 겉잎으로 덮어 공기가 통하지 않도록 한다.
13 뚜껑을 덮어 실온에서 24시간, 동절기에는 36시간 익힌 후 냉장고에 넣어 10일 정도 숙성시킨 후 먹는다.

망고백김치

"애플망고를 갈아 양념으로 활용한 김치로 망고 향이 김치에 아주 은은하게 감돌아 남녀노소 누구나 좋아할 만한 김치예요. 쪽파를 비롯해 갓과 미나리까지 더해 색도 예쁘고 익었을 때의 쨍한 탄산미 역시 뛰어나지요."

기본 재료
배추 1포기(3kg), 물(절임용) 2L, 소금(절임용) 300g, 무 375g, 애플망고 500g, 쪽파·갓·미나리 40g씩, 배 300g, 마늘 10g, 생강 5g, 새우젓(육젓) 3큰술, 천일염 15g, 석이버섯 약간

국물 재료
생수 3L, 찹쌀죽(찹쌀 ½컵, 물 4컵) ½컵, 새우액젓(새우젓 1kg, 생수 1L) 3큰술, 다진 마늘 25g, 생강즙 1작은술, 천일염 30g

만드는 법

1. 배추 밑동에 칼집을 넣고 손으로 벌려 반으로 가른다.
2. 통에 물을 붓고 소금은 분량의 절반을 넣어 녹인 후 배춧잎 사이사이에 끼얹고 남은 소금은 배추 줄기 부분에 켜켜이 뿌린다.
3. 큰 통을 준비해 ②의 배추를 속이 위로 올라오도록 차곡차곡 쌓고 남은 소금물을 붓는다. 2시간이 지나면 배추를 위아래로 뒤집어 3시간 정도 더 절인다.
4. ③의 절인 배추는 흐르는 물에 3~4번 헹궈 채반에 엎어 물기를 뺀다.
5. 무는 0.3cm 두께로 채 썰고, 다듬어 씻어 물기를 제거한 쪽파와 미나리, 갓은 3cm 길이로 썬다. 마늘과 생강, 배도 껍질을 제거하고 채 썬다.
6. 석이버섯은 미지근한 쌀뜨물에 살짝 불려 이끼와 이물질을 깨끗하게 제거한 후 곱게 채 썬다.
7. 망고는 껍질을 벗기고 씨를 제거한 후 믹서에 곱게 간다.
8. 냄비에 새우젓과 생수를 1:1로 넣고 중약불에서 7분 정도 끓여 면보에 걸러 국물만 받아 식혀 새우액젓을 만든다.
9. 찹쌀은 1시간 정도 불린 후 물을 붓고 20분 정도 끓여 식혀 찹쌀죽을 만든다.
10. 무, 쪽파, 미나리, 갓, 마늘, 생강, 배, 석이버섯에 간 망고와 다진 새우젓을 넣어 섞어 소를 만든다.
11. ④의 배춧잎 사이사이에 ⑩의 소를 켜켜이 넣고 겉잎으로 배추 전체를 감싼 뒤 단면이 위로 오도록 김치통에 담는다. 푸른 겉잎으로 덮어 공기가 통하지 않도록 한 뒤 누름판으로 눌러놓는다.
12. 생수에 찹쌀죽과 새우액젓, 다진 마늘, 생강즙을 섞어 만든 국물을 체에 걸러 건더기 없이 ⑪의 김치통에 붓고 상온에서 1일 익힌 후 냉장고에 넣어 7일 정도 더 숙성시켜 먹는다.

알타리 조김치

"찹쌀죽 대신 좁쌀죽으로 담근 김치는 구수한 향이 더해져 별미지요. 알타리김치에는 쪽파를 넣어야 더욱 맛있는데 쪽파는 멸치액젓에 먼저 담갔다가 넣으면 따로 절일 필요 없이 간이 잘 배어 맛을 돋워줘요."

기본 재료
알타리무 5kg, 물(절임용) 1L, 소금(절임용) 200g, 쪽파 200g

양념 재료
고춧가루 200g, 다진 마늘 200g, 다진 생강 20g, 좁쌀죽(좁쌀 40g, 물 500mL) 250g, 멸치액젓 160g, 멸치생젓 70g, 새우젓 100g, 다시마물(다시마 15g, 물 1L) 1컵, 멸치가루 1큰술, 실고추 약간, 검은깨 1큰술

만드는 법
1. 알타리무는 작고 단단한 것으로 골라 밑동과 잔털을 제거하고 솔로 문질러 깨끗하게 씻는다.
2. 물에 소금을 넣어 녹이고 손질한 알타리무를 넣어 2시간 정도 절인 다음 무가 휘어질 정도로 절여지면 2~3번 정도 헹군 뒤 채반에 건져 물기를 뺀다.
3. 쪽파는 다듬은 뒤 깨끗이 씻어 멸치액젓에 30분 절여 국물은 따로 따라내고 쪽파는 건져놓는다.
4. 물에 다시마를 넣고 팔팔 7분 정도 끓으면 다시마는 건져내고 다시마물은 식힌다.
5. 좁쌀은 씻어 30분 정도 불려 냄비에 물을 붓고 25분 정도 끓여 좁쌀죽을 만든다.
6. 큰 그릇에 ③의 따라낸 멸치액젓을 붓고 나머지 재료를 모두 넣고 고루 섞어 양념을 만든다.
7. ②의 알타리무와 ③의 쪽파를 가지런히 놓고 ⑥의 양념을 바르듯 고루 버무린다.
8. ⑦의 알타리무는 한 번씩 먹을 분량만큼 무청과 쪽파로 돌돌 말아 타래 지어 김치통에 차곡차곡 담는다.
9. 뚜껑을 닫고 실온에서 1일 정도 익히고 냉장고에서 15일 숙성시켜 먹는다.

배동치미

"은은한 단맛과 배의 향이 국물에 그대로 녹아 있는 배동치미는 남녀노소 누구나 좋아할 만한 김치 중 하나에요. 맵지 않아 외국인들에게도 추천하고 싶은 음식이기도 하고요. 넉넉하게 담아 냉면이나 국수에 배동치미를 부어 먹어도 그 맛이 그만이지요."

기본 재료
배 3개, 무 300g, 대추 6개, 쪽파·갓 50g씩, 물(절임용) 2컵, 소금 2큰술(절임용), 홍고추 1개, 마늘 25g, 생강즙 1작은술, 천일염 50g, 생수 1L

만드는 법
1. 배 2개는 껍질을 벗겨 8등분해 씨 부분은 도려내고 모서리 부분을 돌려 깎는다. 돌려 깎고 남은 자투리 배는 한쪽에 모아둔다. 배 1개는 껍질을 벗겨 씨 부분을 도려내고 적당히 토막 낸다.
2. 쪽파와 갓은 손질해 분량의 절임용 물과 소금을 섞은 물에 20분 정도 절여 타래 지어 놓는다.
3. 홍고추는 길이로 잘라 씨를 제거해 3㎝ 길이로 채 썬다.
4. 믹서에 ①의 썰어놓은 배 1개 분량과 배 자투리, 무, 마늘을 넣고 곱게 갈아 샤주머니에 넣고 짜 즙을 받는다.
5. ④의 즙에 생강즙과 생수, 천일염을 넣어 섞어 국물을 완성한다.
6. 김치통에 ①의 껍질 벗겨 돌려 깎기 한 배와 ②의 타래 지어놓은 쪽파, 갓, 씻어 꼭지를 딴 대추, 홍고추를 넣고 ⑤의 국물을 붓는다.
7. 상온에서 24시간 발효한 후 냉장 보관해가며 먹는다.

황과담저

"오이에 소를 박아 담근 김치로 조선 영조시대 문헌에 기록이 남아 있을 만큼 오랜 역사를 간직한 음식이에요. 배추나 열무를 섞어 담그기도 했는데 지방에 따라 소를 만들 때 파, 마늘 이외에 부추를 넣는 곳도 있어요. 담백하면서도 시원하고 깊은 맛이 있는 여름 김치로 손님 초대상은 물론 주안상에도 잘 어울려요."

기본 재료
오이 10개, 생수 2.5L, 천일염·마늘 100g씩, 생강 20g, 고춧가루 3큰술

만드는 법
1 오이는 꼭지를 떼어내고 소금으로 문질러 깨끗하게 씻은 다음 면보로 물기를 닦는다.
2 오이의 양끝을 2cm 정도 남기고 삼면에 길이로 칼집을 넣는다.
3 생수 50㎖에 고춧가루를 넣고 골고루 섞은 후 ②의 칼집 낸 오이 안에 바른다.
4 마늘과 생강은 0.4cm 두께로 편 썬다.
5 ③의 오이 안에 ④의 마늘과 생강을 채워 넣고 소독한 항아리에 담는다.
6 오이가 떠오르지 않도록 누름돌로 눌러놓는다.
7 생수 2L에 천일염을 넣고 끓인 뜨거운 물을 ⑥에 붓고 실온에서 1일 정도 익힌 후 먹는다.

가지김치 (가지소박이)

"두고 먹는 반찬이 아닌 만들어 바로 먹는 가지김치입니다. 가지를 좋아하는 분들이라면 여름에 꼭 한 번 드셔 보길 추천해요. 가지를 살짝 쪄 그 안에 부추와 홍고추, 고춧가루, 멸치액젓으로 버무려 만든 소를 넣은 가지김치는 매콤하면서도 감칠맛이 뛰어나 여름철 입맛을 돋우기에 제격이에요."

기본 재료
가지 4개, 부추 20g, 고춧가루 30g, 멸치액젓 3큰술, 홍고추 ½개, 다진 마늘 15g, 생강즙·검은깨 약간씩

만드는 법
1. 가지는 6㎝ 길이로 잘라 5㎝ 깊이로 십자 칼집을 넣고 김이 오른 찜통에 4~5분 정도 쪄 차게 식힌다.
2. 부추는 다듬어 씻어 물기를 뺀 후 송송 썰고, 홍고추는 반으로 갈라 씨는 털어내고 채 썬다.
3. 멸치액젓에 부추, 홍고추, 다진 마늘, 고춧가루, 생강즙, 검은깨를 넣고 버무려 소를 만든다.
4. ①의 가지에 ③의 소를 넣어 접시에 담는다.

연안식해

"식해는 북쪽 지방에서 즐겨 먹는 음식으로 동태, 가자미 등의 생선을 손질한 후 물기를 없애고 엿기름이나 조밥, 찹쌀밥 등을 넣어 발효시켜 먹은 음식이에요. 이름에서 알 수 있듯이 황해도 연안 지역의 향토음식으로 톡 쏘는 맛이 특징이지요."

기본 재료
바지락살 600g, 멥쌀 45g, 메좁쌀 45g, 엿기름가루 60g, 대추 15개, 누룩소금 4큰술

만드는 법
1   바지락살은 소금물에 살살 흔들어가며 씻어 소쿠리에 건져 물기를 뺀 뒤 소독한 면보로 싸서 남은 물기를 제거한다.
2   멥쌀과 메좁쌀은 섞어 씻어 불린 후 밥을 지어 차게 식힌다.
3   엿기름가루는 고운 체로 쳐 ②에 넣고 고루 섞는다.
4   대추는 젖은 면 행주로 닦아 씨를 발라내고 4~5쪽으로 썰어둔다.
5   ③에 바지락조개살, 대추, 누룩소금을 넣고 골고루 버무려 항아리에 담아 밀봉한다. 조갯살이 붉어질 때까지 상온에 4~5일 정도 두었다 먹는다.

호박잎송이구이

"귀한 송이버섯의 향을 제대로 음미하기 위해서 생으로 먹기도 하지만 생으로 먹는 것이 힘들 때는 숯불에 은근히 구워 먹으면 별미예요. 미니 화로에 숯불을 지피고 석쇠를 올린 뒤 송이버섯이 불에 직접 닿지 않도록 호박잎에 감싸 살짝 구우면 송이의 향을 그대로 느낄 수 있어요. 취향에 따라 참기름 소금장을 더해도 좋아요."

기본 재료
송이버섯 3개, 호박잎 3장

만드는 법
1 송이버섯은 밑동을 세라믹 칼이나 대나무칼로 흙이 묻은 부분을 살살 긁어낸다.
  송이버섯의 갓과 기둥은 깨끗한 면보로 흙이나 불순물을 제거한다.
2 호박잎은 물에 한두 번 가볍게 씻어 마른 면보로 물기를 제거한다.
3 ①의 송이버섯을 호박잎으로 돌돌 감싼 후 석쇠에 올려 약불에서 돌려가며 굽는다.
4 잘 구워진 송이는 찢어 토판염과 참기름을 섞은 기름장에 찍어 먹는다.

민어건정찜

"잘 말린 민어는 생민어보다 감칠맛과 특유의 식감이 좋아 밥반찬은 물론 술안주로도 최고지요. 다만 잘 건조된 것을 구입해야 비린내가 나지 않아요. 민어건정을 찔 때는 다시마와 양파, 솔잎 등을 밑에 깔거나 올려주면 비린내는 잡고 감칠맛과 향을 더해줘 훨씬 맛있게 찜을 즐길 수 있어요. 또 찐 후에 한 김 식혀 내야 살이 흐트러지지 않고 식감이 쫀득하며 비린내가 나지 않아요."

기본 재료
민어건정(반건조민어) 2kg, 석이버섯·실고추·검은깨·대파 흰 부분·마늘채 약간씩,
다시마(15×15cm) 1장, 양파 1개, 솔잎 약간

만드는 법
1 찜솥에 다시마와 썬 양파를 깔고 김이 오르면 민어를 올리고 그 위에 솔잎을 올린 뒤 뚜껑을 닫고 15분 정도 찐다.
2 석이버섯은 미지근한 쌀뜨물에 불려 씻어 곱게 채 썬다.
3 ①의 민어에 석이버섯, 실고추, 대파, 마늘채를 올리고 뚜껑을 덮은 채 불을 끄고 5분 정도 뜸을 들인다.
4 넓은 접시에 고명이 흐트러지지 않게 민어를 담는다.

편포

"기름기 없는 홍두깨살을 칼로 곱게 다져 만든 편포는 육포에 비해 부드러워 이가 약한 노인이나 아이들 모두 편안하게 먹을 수 있어요. 초피가루를 약간 넣어 소고기 특유의 향을 없애고 잣가루의 고소함을 더해 주안상에 곁들여도 좋아요."

기본 재료
소고기(홍두깨살) 600g, 배즙 600㎖, 집간장 3큰술, 참기름 1큰술, 아카시아꿀 3큰술, 유기농원당 2큰술, 천초가루(초피가루) 1작은술, 잣가루 1큰술

만드는 법
1. 홍두깨살은 기름기를 제거한 후 곱게 다진다.
2. 다진 홍두깨살에 배즙, 집간장, 참기름, 아카시아꿀, 유기농원당, 천초가루, 잣가루를 넣고 손으로 주물주물 치대가며 고루 섞는다.
3. 양념한 ②의 홍두깨살은 두께 0.5㎝, 가로 15㎝, 세로 10㎝ 크기로 네모 모양으로 반대기를 만들어 채반에 올린다.
4. ③을 상온에서 뒤집어가며 2일 정도 말려 편포를 완성한다.

배추선

"김장철인 겨울은 배추의 맛이 최고로 좋을 때이지요. 달고 시원한 배추는 김치는 물론 국을 끓여도 맛있지만 소고기와 표고버섯, 미나리, 숙주를 섞어 소를 만들어 채워 '배추선'을 만들어 보세요. 따뜻하게 즐기는 배추선은 달고 맛있는 배추에 담백한 소가 어우러져 고급스러우면서도 은은한 맛이 일품이에요."

기본 재료
배추속대 500g, 소고기(치마양지) 150g, 소금(배추속대 데침용) 약간, 건표고 3개, 미나리 80g, 숙주 100g, 석이버섯·집간장·누룩소금 약간씩, 다시마멸치 육수(생수 2L, 다시마 15g, 국물용 멸치 50g) 1컵, 집간장·참기름 약간씩

소고기 양념 재료
다진 마늘 20g, 다진 대파 15g, 아카시아꿀 1큰술, 참기름·깨소금 1작은술씩

만드는 법
1 배추는 푸른 겉잎은 떼어내고 노란 속대만 사용한다.
2 배추속대는 소금을 넣은 끓는 물에 부드럽게 데쳐 찬물에 헹구고 채반에 올려 물기를 뺀다.
3 냄비에 생수와 다시마, 국물용 멸치를 넣고 10분 정도 끓으면 다시마는 건져내고 5분 더 끓인 후 불을 끈다.
4 건 표고버섯은 물에 불려 기둥은 떼고 포를 떠 채 썰고 팬에 집간장과 참기름을 약간 넣어 볶는다.
5 소고기는 핏물을 면보로 눌러 제거하고 결 방향대로 채 썰어 분량의 재료를 넣어 만든
   양념장에 조물조물 무친 후 예열한 팬에 살짝 볶는다.
6 숙주는 거두절미하고 미나리는 다듬어 각각 끓는 물에 데친다.
7 석이버섯은 미지근한 쌀뜨물에 살짝 불려 이끼와 이물질을 깨끗하게 제거한 후 곱게 채 썬다.
8 볼에 ⑥의 숙주와 미나리를 넣고 섞어 누룩소금으로 간한다.
9 ⑧에 볶아놓은 표고버섯과 소고기를 섞어 완성한 소를 ②의 배추속대 잎 사이사이에
   골고루 넣는다.
10 소를 넣은 배추선은 데친 미나리 줄기로 묶은 뒤 전골냄비에 올린다.
11 ⑩에 다시마멸치 육수를 붓고 집간장과 누룩소금으로 간해 감칠맛을 더한 뒤 뚜껑을 닫고
   5분 정도 끓여 접시에 담고 석이버섯을 고명으로 올린다.

토란들깨탕

"토란에 함유된 갈락탄 성분은 면역력을 높여주지요. 또 궤양 예방에도 효과가 있고 단백질과 지방의 소화를 도와줘 간을 튼튼하게 해주고 장 건강에도 도움을 줍니다. 토란은 까놓은 것을 사용하면 특유의 냄새가 나 맛이 덜해요. 조금 번거롭더라도 껍질째 구입하여 손질해 사용하면 훨씬 맛있는 토란탕을 즐길 수 있어요."

기본 재료
토란 1kg, 소금(삶는 용) 1작은술, 쌀뜨물 적당량, 생들깨 150g,
찹쌀 30g, 생수 700mL, 천일염 약간, 들기름 2큰술

만드는 법
1 토란은 쌀뜨물과 소금을 넣고 삶아 고무장갑을 끼고 주물러 껍질을 벗긴다.
2 껍질을 벗긴 토란은 쌀뜨물에 15분 정도 담갔다 꺼내 소쿠리에 건져 물기를 뺀다.
3 들깨는 깨끗하게 씻어 조리로 일어서 찹쌀과 물과 함께 믹서에 넣고 곱게 간 뒤
   면보에 걸러 들깨즙을 준비한다.
4 웍에 들기름을 두르고 손질해놓은 토란을 넣고 뭉개지지 않도록 나무 주걱으로 부드럽게 볶다가
   ③의 들깨즙을 부어 고루 섞으며 한소끔 끓인 뒤 천일염으로 간한다.

약과

"명절이나 차례상 위에서나 겨우 존재감을 드러내던 약과와 주악이 요즘 젊은이들의 사랑으로 새롭게 각광받고 있죠. 하지만 시중에 판매되고 있는 것들은 오래된 기름이나 밀가루를 사용해 만드는 것이 대부분이라 건강에 이롭지는 않아요. 그래서 전통 방법대로 밀가루와 쌀가루를 이용해 꿀과 조청으로 단맛을 낸 건강한 약과 레시피를 담아보았어요."

기본 재료
밀가루(중력분) 300g, 습식 찹쌀가루 80g, 천일염 3g, 흰 후춧가루·계핏가루 약간씩, 참기름 70g
쌀조청 시럽 재료
청주 125g, 아카시아꿀·쌀조청 50g씩
즙청 재료
쌀조청 400g, 아카시아꿀 100g, 계핏가루 약간, 생수 ½컵, 생강편 40g

만드는 법
1 먼저 밀가루에 기름을 먹인다. 밀가루에 천일염, 후춧가루, 계핏가루를 넣어 실리콘 주걱으로 가볍게 섞어준다. 밀가루를 체에 내려 참기름을 넣고 살살 버무려 손바닥으로 비벼준 후 다시 한 번 체에 내려 밀가루에 기름이 제대로 스며들도록 한다.
2 볼에 분량의 재료를 넣고 잘 저어가며 섞어 쌀조청 시럽을 만든다.
3 냄비에 분량의 재료를 넣고 끓기 시작하면 약불로 줄여 10분 정도 끓여 즙청을 완성한다.
4 ①의 기름을 먹인 밀가루에 ②의 쌀조청 시럽을 넣어 글루텐이 생기지 않도록 가볍게 주걱으로 11자를 그리듯 왔다 갔다를 반복하며 반죽을 한다.
5 ④의 밀가루 반죽을 덩어리가 되도록 한 후 비닐에 담아 냉장고에 넣어 약 30분 정도 휴지한다.
6 실리콘 약과틀에 ⑤의 반죽을 약 25g씩 넣어 꼭꼭 눌러 모양을 낸 뒤 꺼낸다.
7 웍에 식용유를 넉넉하게 붓고 130℃로 예열한 뒤 약과를 넣어 6~7분 정도 앞뒤로 뒤집어가며 연한 갈색이 나도록 튀기고 건져 기름을 충분히 뺀다.
8 ⑦의 약과를 ③의 즙청에 넣었다가 여분의 즙청을 제거하고 실백가루나 석이버섯채, 금가루 등의 고명을 얹어 모양을 낸다.

찾아보기

ㄱ
가지김치(가지소박이) 130
김치설기 110
과일애기보김치 102

ㄴ
낙지포기김치 106
누룩소금낙엽깻잎절임 70

ㄷ
대하쪽파김치 90
돌산갓반지 98

ㅁ
망고백김치 122
묵은지 108
문어포기김치 32
민어건정찜 136

ㅂ
발아현미식초 74
배동치미 126
배추선 140
배추 한 포기 담그기 120
보리열무김치 96

ㅅ
삼양주 18
생강편 76
석탄주(이양주) 16
소고기쌀누룩간장조림 42
송이백김치 30
송이장아찌 34
수곡 24
시금장 58
쌀누룩된장돌산갓김치 104
쌀누룩요거트청포도백김치 84
쌀누룩육젓 72

ㅇ
알타리조김치 124
약과 144
양지사태포기김치 82
액상쌀누룩토판염 68
어포 28
얼갈이나박김치 100
연안식해 132
육포 26

ㅈ
장백균알메주간장과 된장 52
장백균쌀누룩 48
장백균찍음장 56
장백균푸른콩누룩 50
장백균현미찹쌀고추장 54
전복김치 118
전통누룩(건조누룩) 20
전통젓국지 88

ㅊ
참외장아찌 36
채소모듬장아찌 66
천수무동치미 62
천수무오징어빠개지 94
초롱무소박이동치미 64

ㅋ
키조개섞박지 92

ㅌ
탁주 14
토란들깨탕 142
토종배추 못난이김치 60

ㅍ
편포 138

ㅎ
호박잎송이구이 134
홍어김치 86
홍어애탕 40
홍어전 38
활성누룩 22
황국균쌀누룩 116
황과담저 128

발효밥상

초판 1쇄 발행
2024년 1월 25일

지은이	강영희, 권오경, 정선숙, 황인숙
발행인	이동한
편집장	김보선
기획·편집	강부연
마케팅	박미선(부국장), 조성환, 박경민
제작관리	이성훈(부장), 이세정
요리 감수	황미선
사진	이종수(이종수스튜디오)
디자인	㈜뮤트스튜디오
교정·교열	한승희
발행	㈜조선뉴스프레스 여성조선
등록	2001년 1월 9일 제2015-00001호
주소	서울특별시 마포구 상암산로34, 디지털큐브빌딩 13층
편집 문의	02-724-6712, susu001@chosun.com
구입 문의	02-724-6796, 6797

ISBN 979-11-5578-502-7
값 18,000원

*이 책은 ㈜조선뉴스프레스가 저작권자와 계약에 따라 발행했습니다.
*저작권법에 의해 보호받는 저작물이므로 본사의 서면 허락 없이는 이 책의 내용을 어떠한 형태로도 이용할 수 없습니다.
*저자와 협의하여 인지를 생략합니다.